屋顶上的孩子

一本写给家庭的心理疗愈书

[英] 路易斯·温斯托克◎著　　李超◎译
（Louis Weinstock）

北京联合出版公司
Beijing United Publishing Co.,Ltd.

图书在版编目（CIP）数据

屋顶上的孩子：一本写给家庭的心理疗愈书 / (英)
路易斯·温斯托克著；李超译. -- 北京：北京联合出
版公司, 2024.7

ISBN 978-7-5596-7636-8

Ⅰ. ①屋… Ⅱ. ①路… ②李… Ⅲ. ①家庭教育
Ⅳ. ①G78

中国国家版本馆CIP数据核字(2024)第101385号

First published as How the World is Making Our Children Mad and What to Do About It in 2022 by Vermilion, an imprint of Ebury Publishing. Ebury Publishing is part of the Penguin Random House group of companies.

北京市版权局著作权合同登记 图字：01-2024-1593号

屋顶上的孩子：一本写给家庭的心理疗愈书

著　　者：[英] 路易斯·温斯托克
译　　者：李　超
出 品 人：赵红仕
责任编辑：龚　将
选题策划：尧俊芳
封面设计：WONDERLAND Book design 仙境 QQ:344581934
装帧设计：季　群

北京联合出版公司出版
（北京市西城区德外大街83号楼9层　100088）
北京联合天畅文化传播公司发行
北京中科印刷有限公司印刷　新华书店经销
字数220千字　640毫米×960毫米　1/16　21印张
2024年7月第1版　2024年7月第1次印刷
ISBN 978-7-5596-7636-8
定价：56.00元

中文版序

有了孩子后，我和我丈夫很多次探讨过一个问题：我们要给孩子怎样的一个家？除了衣食无忧，我们还能为孩子做点什么？

这个问题不好回答，因为它涵盖的内容太多，也过于宽泛。直到我看到《屋顶上的孩子》这本书，想起曾经看过的两个画面。

其中一个是：

“那一年，我6岁，妹妹3岁。爸爸妈妈终于攒够了钱，买了我们的第一套房子。那是一套不到60平方米的二手房，在整栋楼的顶层。初见时，它的墙皮斑驳，屋顶有裂缝，但惊喜的是楼道有一扇门可以通到整个楼层的大露台。一旁的爸爸有点愧疚地跟我们说：‘闺女，这房子旧了点，但以后咱们也算有个家了。’一旁的我仰起头，不解地问爸爸：‘爸爸，我们不是一直有家吗？’爸爸怔了一会儿，笑着说：‘对对对，我们一直都有家，咱们一家人开开心心在一起就是一个家。’从那一天起，一有空爸爸妈妈就会带我和妹妹到屋顶的大露台玩，而那个屋顶有裂缝、墙皮斑驳的房子也成了我童年记忆中最温暖的乐园。”

另一个是：

“我从小就住在一所大房子里，它有着豪华的装修，全透明的大玻璃阁楼，从阁楼门出去还有一个花园平台，但我并不喜欢这所房子。每天早上起来，爸爸妈妈都要为很多的事情争吵，有的是跟我有关，有的跟我无关，每当这个时候，我都只能偷偷爬上阁楼，走到屋顶，去躲避屋里的声音。站在阁楼一直往下看呀看，一直等待一声摔门声传来，那是爸爸离去的愤怒‘号角’，这时，我才敢回到屋里。”

两个分割的画面，其实本无联系，但在看完《屋顶上的孩子》这本书后，我才突然意识到，我和丈夫一直探讨的问题，似乎已经找到了答案。

这本书的作者路易斯·温斯托克是一位父亲，也是一名儿童心理治疗师。他几乎每天都在跟孩子打交道，帮助那些被心理问题困扰的孩子。当然，他其实更多地帮助有问题的家庭解决烦恼。在从业的 20 多年里，他发现：虽然不同的家庭有不同的构成和故事，但出现问题的孩子和父母身上都会存在一些难以接纳的东西，而这些东西有着共同的潜在特征，并最终形成支配一个家庭的心理模式。

这些家庭模式就像一个家族的 DNA，有着共同的心理根源，比如受害者情结、逃避心理、自恋、情绪麻木等。这些根源不仅会决定一个家庭中父母的心理模式，还会极大地影响到孩子的心理。比如情绪麻木，一个家庭中的父母如果经常逃避、忽视或者压抑痛苦情绪，生活在家庭中的孩子也会因此产生同样的感受——痛苦是不好的，是要避免的。当孩子遇到让自己感到痛苦的事情时，他们会选择隐藏在心里或者觉得自己痛苦是不对的，从而产生自责心理。

然而，这种基因其实是可以改变的。当父母开始去深入了解这些根源，去了解这些根源产生的心理模式是如何出现在自己的生活里，并开始影响到孩子时，就可以改变这种模式的基因，避免把自身难以接纳的部分投射给孩子，转而全然接纳孩子的情绪。孩子不会因自己产生痛苦情绪而羞愧，自身的情绪感知力也会因此得到充分发展，从而变得更理智、更勇敢、更自信。

孩子的问题，不一定是父母的问题，但却是父母的责任。屋顶只是一个家的外在架构，屋顶下的家才是孩子的内在支撑。对有的孩子来说，家的屋顶是迎接幸福的阳光露台，而对有的孩子来说，屋顶则只是躲避阴霾的灰暗之地。我们要给孩子打造一个什么样的家，这一切与奢华无关，与养育者自身有关。父母的自我得到滋养，走上屋顶的孩子就不再充满阴郁和悲伤，而是能看到照亮心灵的那束温暖之光。

编者

前言

这是一本关于孩子思想的书。

这也是一本关于这个世界的书。

拿起这本书的你，一定很关心孩子。不论你是有了自己的孩子，还是在照看别人的孩子，你一定都深爱着这些小小的人儿。你明白他们的思想非常宝贵，因为他们的思想状态决定了他们的生活状态。而且，你希望他们拥有安全感，想让他们在一个没有冲突、人与人和睦相处的世界里长大。你还希望他们能对自己充满信心，也对周围的世界充满信心。虽然你很清楚，生活并不完美，有些苦痛无法避免。但是，至少你希望孩子们在成长过程中能感觉到世间美好，体会到人生值得。然而，每当环顾周围发生的一切，或是遥想未来、哪怕只是眺望不远的将来时，你总能感觉到，用心为孩子设想的美好未来与他们成长的现实世界之间，横亘着一条越来越宽的鸿沟。

或者，你现在拿起这本书是因为一些更加迫在眉睫的烦恼。也许你的孩子身上出现了一个或几个看似无法解决的问题。你已经走投无路，几乎试遍了所有办法，完全不知道下一步该怎么办。

很多父母来到我的诊所，都会向我倾诉这样的烦恼："我儿子在家的行为真的太让人苦恼了。他总是不停地和妹妹打闹，不愿意好好配合我们。感觉我们的关系就是处在不断的争吵当中。"

"我女儿一直有恐慌症，我们担心她考试会不及格。"

"我担心我儿子没法好好面对我们离婚这件事。他不和我说话，整天就是待在房间里打游戏。"

"不久前，我在女儿换衣服时，发现她手臂上有很多伤口。我真不知道该怎么帮她。"

不论你的烦恼是什么，我们都可以在这里一起探讨和解决。我们不应该独自承受痛苦。我们要一起迷茫，一起绝望。我们要一起分担对自己、对孩子、对其他糟心事的深切担忧。因为，我们唯一能真切感觉到安全的时刻，唯一能为孩子及其未来找到真正希望的时刻，就是我们汇聚在一起，分享彼此感受的时刻。

那么，让我来介绍一下自己吧。

我是一名父亲，也是一名儿童心理治疗师。在整个职业生涯中，我都在致力于保护弱势儿童免受伤害。我不仅在我的儿童和家庭心理治疗诊所里践行着这一理念，还在青少年心理康复机构工作过，当过儿童保护社工，经营过一所治疗学校，还与他人共同创办了一个慈善机构，帮助那些深陷悲痛的年轻人。我也花了很多时间来帮助父母度过生活中最艰难的时刻。

因此，无论你带着怎样的烦恼或问题翻开这本书，请记住，我曾经和像你一样的人并肩战斗过。

但是，我并不是那个解决问题的专家，你才是。你比任何人都了解自己，了解你的孩子，而我只是你的向导。我相信，人类拥有不可思议的内在智慧。我的工作就是帮助你获得这种智慧，这样你就可以找到真正属于自己的答案，在这个环境下知道如何帮助孩子做好万全准备，健康成长。

如今市面上的育儿书籍数不胜数，其中不少都很有帮助，但几乎没有几本书提到过我们的育儿背景。我们生活在一个充满变数和不确定性的世界里，人们想要获得片刻喘息，感受脚踏实地的踏实感变得越来越困难。

我们不是在真空中抚养孩子。孩子的心理健康问题成因非常复杂，可我们却没有把足够的注意力放到这个世界对孩子的影响上。

在这里澄清一下：我写本书的目的不是要把孩子们所有的问题都归咎于社交媒体、政客或者当代文化（好吧，或许多少都有点责任）。当孩子们出现问题时，我们往往会把责任推给现代世界的产物，诸如电子游戏、电子烟、在线色情内容、毒品、陷阱音乐、觉醒文化、娱乐视频等等。我们会愤怒地冲着这个世界指指点点，然后叹息一声，耸耸肩膀，继续去刷手机。

但是我们忘了一点：孩子的世界由你开启，而你是孩子们体验世界的第一道过滤网。

因此，我想邀请你在本书中共同探讨的根本观点是：不论把孩子的问题归咎于什么，我们都可以在自身思想中找到这些问题的根源。沿着这些根源去探寻，我们会发现一部分隐藏起来、无人关爱的自我。如果我们给这部分隐藏的自我一些关爱，就能得到一个帮助孩子的绝佳机会，并对这个世界产生积极影响。

就拿社交媒体来举例吧。社交媒体之所以强大，是因为它触及了我们在现代世界努力想满足的人类深层次需求，比如我们渴望独立自主，渴望获得关注，渴望融入群体。

如果我们只专注于解决表面问题，就会像九头蛇神话一样，砍掉怪物的一颗头，立即会有两颗头倏然而出。禁止使用社交媒体或打游戏，并不能解决孩子们渴望交际、渴望自立、渴望得到认可的根本问题。

减少塑料使用，并不能解决导致气候危机的根本问题。同样的，几次认知行为治疗或者某种抗抑郁药，并不能解决引起孩子焦虑或抑郁的根本问题。这些东西可能有点用，但除非把问题根源解决掉，否则这些问题将来还是会以另一种形式出现。

需要明确一点，我并不是说我们的问题是虚构的，只要改变想法就能把它们解决掉。在临床工作中，我发现创伤、虐待、性别歧视和不公平等问题，会从许多方面给人们的生活带来非常现实的痛苦影响。但这不是一个非此即彼、无法破解的局面。你可以努力改变自己，改变自己的思想，进而去改变世界。例如，我们可以去关照内心那部分渴望被看到、渴望合群的自我。这样我们就能从社交媒体等外部力量手中夺回属于自己的能量。

甘地有句话说得好："欲变世界，先变其身。"

你也许会想：这么做又有什么区别呢？无论我的内在做出什么改变，与外部那些恐怖的大问题相比，都只是汪洋中的一滴水珠罢了。

在本书中，我就会为你解决这些顾虑。不过现在，我想分享印度哲学家克里希那穆提（Krishnamurti）的一句话："我们与自己和他人的关系乘以60亿，就创造了现在的世界……我们即世界。"

爱自己，然后爱我们的孩子，最终，你一定能创造出一个充满爱的世界。

目 录

第一章　问题孩子的背后，往往是问题家庭 001

1.胸口疼痛的尼娜 002

2.黑暗森林与林间空地 005

3.屋顶上的孩子 009

4.煤矿里的金丝雀 012

5.每个家庭，都有固定的心理模式 015

6.我们需要一个空间与自我和解 019

第二章　心理根源一：受害者情结 023

1.挑剔的父亲，无助的孩子 024

2.受害者，也是迫害者 026

3.退化到婴儿期的睡美人爱丽丝 029

4.家庭“三角关系” 032

5.我们是如何陷入受害者模式的 036

6.改变的魔法按钮 038

第三章　疗愈方法一：赋予家庭力量 041

1.你的孩子比你以为的更强大 042

2.玩刀子 044

3.培养孩子的优势和强项 046

4.有选择的保护 048

5.反脆弱 051

6.好学生凯蒂 053

7.为孩子赋能 055

8.四个原则 057

9.具体如何做? 061

第四章　心理根源二：逃避心理 063

1.患有焦虑症的索罗门 064

2.逃离痛苦幻想症 066

3.孩子是如何学会欺骗自己的? 068

4.无处可逃的逃避手段 071

5.创伤模式，最终成为自我保护的方式 074

6.回归自我 079

第五章　疗愈方法二：接纳自身的局限性 083

1.关于羞耻感 084

2.如何让孩子学会接纳自己 089
3.鼓起勇气的埃里卡 094
4.找回自我：走进自然 099

第六章 心理根源三：自恋 103
1.纳西索斯“大获全胜！” 104
2.自恋如何影响父母与孩子的相处方式 107
3.红点实验 110
4.自恋王子与回声女神 112
5.池塘大，鱼儿小 114
6.孤独的孩子是怎么来的? 117

第七章 疗愈方法三：培养孩子的同情心与合作能力 123
1.我们为什么要帮助彼此? 124
2.同情心是必需品，而非奢侈品 127
3.三个圆圈 130
4.跟孩子一起练习同情心 133
5.慈爱冥想练习 136
6.践行同情心 139
7.重新定义成功 142
8.培养孩子的合作力 145

第八章 心理根源四：缺失感 147
1.为人父母，无法尽善尽美 148

2.我们最深的恐惧：卫生纸用完了 151

3.缺失心理的两大宿主 155

4.给自己一份免疫协议 164

第九章　疗愈方法四：培养孩子内心的富足感 167

1.我喜欢你本来的样子 168

2.无条件的积极关注 170

3.给孩子执着的爱 173

4.爱孩子身上最难接受的东西 176

5.终极奖励：一段充满爱的亲密关系 180

6.我们必须用“胡萝卜加大棒”吗？ 183

7.从觉得“自己不够多”到“自己不够好”，只是很小的一步 188

8.培养孩子内心的富足感 190

9.我们都已经够好了 192

第十章　心理根源五：情绪麻木 195

1.快乐，似乎是唯一被允许的情绪 196

2.痛苦可以逃避，但不会消失 198

3.过度警觉的心理健康意识 202

4.麻木的根源 206

第十一章　疗愈方法五：恢复情绪感知力 211

1.学会迎接和倾听自己所有的情绪 212

2.孩子是从情绪中成长的 215

3.情绪，为我们做了什么？ 218

4.为感受创造一个空间 222

5.帮助孩子处理情绪风暴的四个步骤 224

第十二章　心理根源六：内心混乱而暴躁 231

1.上瘾，是他们保护自己的一种方式 232

2.需要感觉自己还活着 235

3.压力，也是一种上瘾行为 239

4.一张照片引发的神经紧张 242

5.拥抱对孩子有多重要？ 245

6.共同调节与自我调节给孩子造成的心理差异 247

第十三章　疗愈方法六：回归平静 251

1.在混乱的生活中找到平静 252

2.毁掉“安全毯”，孩子可能更安全 255

3.帮助孩子认识到：冲突是正常的！ 258

4.将触发点转化为跳跳虎 260

5.培养有宽恕能力的孩子 264

6.平静的战士 268

第十四章　心理根源七：习得性无助 271

1.对世界绝望的安斯利 272

2.无须多少不愉快事件，就可以让孩子变得无助 274

3.抑郁的孩子为什么那么多？ 277

4.倾听绝望的声音 280

第十五章　疗愈方法七：点燃孩子的希望 285

1.孩子，就是希望本身 286

2.我们要做的只是：帮助他们实现近乎无限的潜力 288

3.两种神圣的品质 291

4.如何培养玩兴 293

5.唤醒好奇心 297

6.希望是可以习得的 300

7.寻找真正的希望 304

后 记　是结束，也是开始 306

共建家园：寻找书友指南 309

致 谢 310

第一章

问题孩子的背后，往往是问题家庭

也许，你是在树枝上寻找只出现在树根里的东西。

——鲁米（Rumi），诗人

1

胸口疼痛的尼娜

尼娜来找我是因为她 9 岁的儿子比利。在学校，比利经常因为打架惹上麻烦，甚至有一次打完架，他怒火中烧，一拳打穿了学校门上的玻璃。在家里的比利也是沉默寡言，闷闷不乐。每当尼娜想同比利聊聊学校、作业或是规矩时，母子俩的谈话都会以一场激烈的争吵收尾。

尼娜对我说：“我变得特别暴躁，都不认识自己是谁了，就好像被什么东西附身了一样。”

最终促使尼娜来找我的原因是，在一次非常激烈的争吵后，比利从厨房里拿了一瓶消毒剂，并威胁要喝掉它。

比利的行为背后其实有一些明显的原因。比利每晚都要熬夜玩游戏《堡垒之夜》，导致睡眠不足，情绪暴躁。尼娜和丈夫 4 年前离婚闹得剑拔弩张，对比利来说也是很大的打击。不过据尼娜所说，当时比利看起来很容易就接受了这件事，并没有什么情绪，所以她也没有过多关注比利。

在进一步深入交流后，我了解到，9 岁时尼娜的父亲就结束了自己的生命。那时，没有人对尼娜说过父亲是如何去世的。母亲和其他亲人都无视了她的疑问和感受，只是对她说"爸爸现在在天堂很幸福"。尼娜还记得当时的自己既愤怒又绝望，但却没有人可倾诉。从那时候开始，尼娜开始学会把不好的感受深深地埋藏在心底。

在一次治疗中，我决定先不谈比利，而是帮助尼娜去体会那些深藏在体内的感觉。我问她："对你来说，什么感觉最难以接受？"我建议她听从自己的身体来寻找答案，而不是自己的思想。

尼娜注意到自己胸口有些疼，而且她意识到，这种疼痛已经存在很长时间了。我建议她就让疼痛留在那里，然后尽可能多地对这部分自我予以温柔和关爱。忽然，尼娜放声大哭。胸口的疼痛勾起了她的一段回忆：父亲离世不久后，她返回学校，感到了深深的孤独和恐惧。此时的治疗室中，一扇通往一连串隐藏情感和记忆的大门仿佛被打开了。在后续几个疗程中，我们不断地回顾她身体里的这些感觉，以及与之相关的一切画面和回忆。

在这个过程中，我没有在比利身上运用任何特殊的教育技巧。我只是鼓励尼娜与比利进行交流，并把每一次与 9 岁儿子的交流都看作对 9 岁时失去父亲时的自己进行疗愈，让她自己去治愈那个被忽视的 9 岁自我。几周后，比利强烈的怒火开始平息。他在学校表现得越来越好，也很少打架。在家里，尼娜和比利的关系不再一点就着，开始变得更加温馨和睦。

你也许很难相信，孩子的问题竟然可以通过父母解决自身问题得到改善，但我的确一次又一次地见证了这种事情的发生。孩子的问题，背后反映的是一个家庭的问题。父母在童年未解决的问题，最终会投射到孩子身上，而孩子出现问题的年纪往往与其父母经历人生困境或创伤的年纪相仿。所以，当一个家庭中的父母对自我进行疗愈时，这个家庭中孩子的问题也会得到解决。对于这种方法的运作机制，我尚未完全了解。不过在研究过程中，我在荣格的原型理论中找到了重要的线索。

2

黑暗森林与林间空地

在一个家庭里，父母每天都会在无意中通过数千次互动，对孩子进行训练、利诱、哄骗、威胁和影响，从而让他们的行为符合社会规范。父母会要求孩子们懂礼貌，学会端正坐好，绝对不能在餐桌上打嗝或放屁。父母希望孩子不要那么伤感，能够独立睡觉，不要太过炫耀，懂得大方分享，知道努力学习，在学校取得优异成绩。随着这些互动的增加，孩子们慢慢明白了哪些行为可以展现，哪些不可以。

儿童发展专家约瑟夫·奇尔顿·皮尔斯（Joseph Chilton Pierce）在其著作《宇宙蛋上的裂缝》中，用一个美好的比喻来描述一个人的社会化过程：森林与林间空地。林间空地是森林中的一小片地方，我们会把空地上的树木全部砍掉，让自己身上为社会所接纳的部分展现在阳光之下。但是，林间空地之所以能发挥作用，是因为我们把所有不被接纳的部分丢进了黑暗广袤的原始森林。那么，这些不被接纳的部分在被丢进森林后会发生什么呢？它们会安静地潜入黑夜吗？不。它们会在森林扎根，并以更加神秘、更加无意识的方式继续影响我们的生活。

作为一名儿童心理治疗师，我经常看到一个家庭的“黑暗森林”如何影响了孩子的生活。尼娜的愤怒和绝望等负面能量都被丢进了黑暗森林，但它们只是隐藏了起来，并在她儿子比利身上找到卷土重来的出口。

这里的黑暗森林，正是瑞士伟大的精神病学家卡尔·荣格（Carl Jung）所讲的阴影，即自我当中所有不被接纳、不被关爱的终结之地。你也可以把它理解为自己的盲点。这个盲点不一定是坏的，它只是我们的家庭和社会所不能接纳的部分。假设你在成长的过程中，一直被教育说“男子汉不能哭”，那么，你内心柔软、感性、敏感的部分就会被丢进这片森林里。

我们与这部分令人不快、不被接纳的自我保持距离的方法之一，就是把它投射到其他人、其他群体或媒介身上。想象一下，你的思想是一台电影放映机，可以把画面投射到屏幕上。这个屏幕不是空白的，你的思想会用存储在特殊硬盘上的图像把整个屏幕填满。神经科学实验也已经证明这一过程的真实性。当你在现实世界中看到某样东西时，大脑中生成的图像多半是由储存在视觉皮层的记忆和期望构成的。对此，神经科学家大卫·伊格曼（David Eagleman）解释称：“你所感知到的并不是事物的本来面目，而是你的本来面目。”

在工作中，我也经常看到一个家庭中不被接纳的情感如何被投射到其他家庭成员身上，而这个人往往是孩子，他也会成为家里的那匹“害群之马”。这个孩子会被贴上“不乖”或“叛逆”的标签。当然，并非有人存心或蓄意这样做。它只是人类大脑处理烦心事的一种方法。我们会把自己从这些烦心事中抽离出去，然后再把它们投射到其他人身上。

尼娜9岁失去父亲时孤独绝望，但没有人在意她的感受，而自己离婚时，儿子比利的感受同样也没有被尼娜注意到。这种隐形的回避或忽视惯性，正是某种不被接纳的情感投射起了作用。

我们可以来做一个小实验。想一想你生气的时候，到底是因为什么，或者你也可以问问自己，当别人出现什么行为时，你最恼火。这是探索自我森林最好的方法之一，可以帮你明确答案。例如，当亲近之人过分情绪化时，你会感到恼火，因为这让你想起了那个被丢进森林里的情绪化的自己。当别人炫耀时，你会感到很烦躁。你也可以留意一下到底是什么让你产生了某种情绪，想起被丢进森林里的那部分自我。是他们的大声喧哗，是他们的博人眼球，还是他们的自命不凡？或者，你可以选择一条直通自我森林中心的道路，问问自己：我最讨厌别人怎样看待我？

探索自我森林并不容易，也不好受。但为了一个家庭中的孩子，我们必须这样做。我们不希望因为疏于照顾自己的心理创伤，而让孩子们承受痛苦，不希望我们对他们产生煤气灯效应，认为自己就是不乖、叛逆或者一无是处。

想象一下，如果尼娜送比利去接受治疗，医生诊断出比利是抑郁症，并给他开了抗抑郁药物。这种治疗在短期内可能有效，但比利从那一刻开始就会认为自己有严重的问题，而其实这种治疗并没有站在一个家庭中去解决根源问题。当家庭问题还存在时，比利即使吃药，也会反复出现其他行为问题。

为了更深入地理解这一点，下面让我们有请萨姆出场。

3 屋顶上的孩子

我曾经开办过一所治疗学校，主要招收遭受复杂创伤的儿童，萨姆是我们学校最聪明，也是最难管的学生之一。13 岁的他第一次来我们学校时，两只眼睛炯炯有神，脸上还有点小雀斑。当时他径直就冲我跳了过来，和我击了个掌，然后越过我跑上楼梯，一边用手敲打着墙壁，一边放声高歌。他风趣幽默、富有爱心、脸皮超厚而且充满活力。这么活泼好动的萨姆，其实是小时候确诊了注意缺陷与多动障碍（Attention Deficit and Hyperactivity Disorder，简称 ADHD），而且多年来一直在大量服药。由于他精力太过旺盛，其他各所学校都把他拒之门外。我们学校是他最后的机会。

有一天，我在浏览萨姆的病例记录时，发现了一些令人震惊的情况。萨姆 3 岁时，邻居发现萨姆在他家房顶上爬来爬去，而这之后萨姆就被确诊患有注意缺陷与多动障碍。

不幸的是，当时没人意识到家庭因素对萨姆的影响。萨姆的父亲是一个有暴力倾向的毒贩，母亲则是个酒鬼。如果你的孩子在这种环境中长大，恐怕也很难做到端正坐好，集中注意力，也会想要爬上屋顶。事实上，萨姆爬上屋顶就是他对自己家庭现状的一种非常明智而有韧性的反应。

“心理韧性”是近年来很流行的一个关于儿童心理健康问题的名词。心理学家安琪拉·达科沃斯（Angela Duckworth）把“心理韧性”“毅力”以及其他类似概念统称为“摔倒七次，爬起来八次”的能力。我们很喜欢这个词，因为它是人类具有适应潜力的证明。

这种潜力在人类婴儿刚诞生到世界上就已经表现出来。与人类相比，一匹小马驹可以在出生后 20 分钟内学会走路，但学不会说话、学不会编程，也学不会建造冰屋。我们的孩子虽然生下来还不会自己吃饭、不会走路，但他们却像一块小海绵一样，拥有一个极具可塑性的社交型大脑。他们的大脑和神经系统会在他们与你、他人和周围世界的交互中逐渐被塑造成形，并使他们成长为地球上最强大的生物。

这种强大的适应潜力，有时候还会表现为一种超越环境的韧性反应，而这也是奥普拉·温弗瑞（Oprah Winfrey）被很多人喜爱的原因。奥普拉出生在密西西比州乡村的一户穷人家庭，妈妈是一名单身少女。从 9 岁起，奥普拉就受到家人的性虐待，14 岁被迫怀孕，她的儿子早产并在襁褓中夭折。可以说，奥普拉的人生开局相当残酷。但是，最终她却成长为当今世界备受大众喜爱的一位名人。

虽然心理韧性是我们解决问题所选择的通用方式，但有韧性的表现能反映出很多家庭问题。想一想面对家庭创伤的比利，为了适应家庭变故，他用愤怒表达自己的感受。再想一想蹒跚学步的萨姆，为逃离屋子里充斥的激烈争吵而爬上房顶。想想自己孩提时，是否有为了适应家庭和周围世界而养成的某些行为习惯。或许你现在形成的讨好型人格，就是因为你从小就知道，唯一能阻止父母吵架、让家庭安稳的办法就是牺牲自己的需求。很多孩子表现出的不乖或者非正常行为，其实也是为了应对家庭混乱的一种方式。

很多时候，孩子表现出的症状可能都大有深意。他们或许是在努力与我们交流一些重要信息，又或许是在无意中尝试着缓解与周围世界的冲突。从这个角度来说，这里的“世界”既是指大范围的社会群体，更是指你和你的家庭。

4

煤矿里的金丝雀

不知道你是否听过“煤矿里的金丝雀”这个俗语。它来源于约翰·斯科特·霍尔丹（John Scott Haldane）教授做过的一些高风险实验。霍尔丹是一位苏格兰生理学家，留着一把浓密的大胡子，教育子女的方式也非常有趣。在牛津大学工作期间，霍尔丹想找到防止矿工死于有毒气体的办法。于是，他把自己锁在充满致命性混合气体的密闭房间中，去研究这些气体的作用功效。有一次，在满是毒气的矿井深处，他让小儿子杰克背诵莎士比亚《裘力斯·恺撒》中的一段话，直到杰克双腿一弯，不省人事。幸运的是，不久之后，霍尔丹就发现金丝雀比儿童更适合做气体探测器。

金丝雀就这样成了众所周知的“哨兵物种”，为我们进行环境的危险预警。从某种程度来说，孩子其实也是其成长环境的“哨兵物种”。就像金丝雀很适合探测有毒气体一样，孩子对林间空地以外的黑暗森林也尤其敏感。因为尚未建立起强大的心理防御机制，他们比成年人更容易受到周围环境因素的影响。当孩子们心理压力增加，出现各种反常行为时，都是在提示我们周围环境“有毒”，而这个环境很多时候就是我们的家庭。

家庭是孩子成长环境非常重要的一部分。当孩子出现问题时，我们不能只关注问题的表象，而不去寻找问题的根源所在。想象一下你因为牙根感染疼痛难忍，决定去看牙医。可是牙医并没有为你安排根管手术，只是给了几颗止痛药就把郁闷的你打发走了。这种解决儿童心理健康问题的方式，儿童精神病学家萨米·蒂米米（Sami Timimi）称之为“儿童心理健康的麦当劳化”。过去5年里，英国医生为儿童开出抗抑郁药物处方的案例增加了40%。如今，美国每十个儿童中就有一个确诊了注意缺陷与多动障碍。全球范围内服用利他林（一种强效的成瘾性药物）的儿童数量也在不断上升。

当然，这并不是说所有诊断都是错的，也不是说采用药物治疗心理健康问题不好。诊断可以帮助父母或孩子减轻羞耻感，让他们打开心扉，寻求其他的支持和帮助。而精神类药物能够帮助病人度过发病的困难时期。但这种治疗方法就像你不断地让煤矿里的金丝雀来测试有毒的煤矿，牺牲的是金丝雀，但煤矿有毒的本质并没有改变。

如果我们只是单一地盯着着孩子的问题，就会像一个面红耳赤、压力山大的老师冲着课堂上的学生大喊“安静！”一样，根本起不到任何作用。正如作家亚历山大·登·海耶（Alexander Den Heijer）所说：“如果一朵花不开，你要改变的是它生长的环境，而不是那朵花。”

我们可以像尼娜一样，开始更深层次的自我治愈。当尼娜开始把儿子的痛苦看作他对成长环境的某种反应，对那些难以接纳的部分产生同情，开始治愈黑暗森林被隐藏的自我时，她儿子比利就会停止伤害自己，开始爱自己。

5

每个家庭，都有固定的心理模式

在从业的20余年里，我发现：虽然不同的家庭拥有不同的构成和故事，但出现问题的父母和孩子身上都会存在一些难以接纳的东西。这些东西有着共同的潜在特征，并最终形成支配一个家庭的固定心理模式。当我们开始了解这些模式时，解决家庭问题的大门也就会被开启。

这些心理模式既有我们不喜欢在自己身上看到的阴暗面，也有光明的一面。阴暗面隐藏在黑暗森林里，是我们要去努力探寻的问题根源，而光明面则是我们可以找到的治愈方法。

这些心理模式是建立在卡尔·荣格“原型”概念的基础之上。在与患者交流和对全世界不同时期神话故事的毕生研究中，荣格发现，在所有人类文化中，似乎都会反复循环着某种普遍模式（他的原型包括睿智的老叟或老妇、愚者、英雄）。对此，他做出总结：人类的思想和行为不仅是个人经验的总和，我们还共享着一种精神遗传，只不过它的表现因人或文化而异。荣格把这种精神遗传称为“集体无意识”。

普遍模式储存在我们的集体无意识当中。它们是经过长期发展而形成的，就像是一种心理 DNA，包含了我们祖先所有经验的浓缩版本。你可以把它想象成人类的黑匣子——一种记录着极其重要事物的装置，其中有对人类来说非常糟糕的事情，也有非常美好的事情。所以，无论你是在看网飞（Netflix）最新热播剧，还是在读希腊悲剧或莎士比亚的著作，你都能看到相同类型的戏剧、情节和角色在反复出现。

同样，在你的生活和人际交往中，也会一遍又一遍地上演相同的戏码。比如，你可能会重复做一个相似的梦，或者在冲孩子发火的某个瞬间突然觉得自己像极了自己的妈妈，“原型”往往会以无意识的方式塑造我们的生活。荣格把原型的影响叫作“遗传潜力”，这些普遍模式不仅在悄悄地塑造我们的生活，也在塑造孩子的生活。他说：“原型即根源，它是灵魂在狭义的土壤中扎下的根，更是灵魂在广义的世界中扎下的根。”

你和孩子的某些问题可能都是由这些普遍模式在支撑。虽然这么想你可能会觉得奇怪，但分形科学的出现再次证实了这种基因的存在。分形是一些在微观和宏观尺度上反复出现的模式。不论是大到经济市场、地震现象，还是小到西蓝花形状，我们都能在不同领域找到完全相同的模式。家庭的心理模式也是一样，通过在孩子身上出现的某些问题与你曾经出现的问题、你父母曾经出现的问题，都可以找到隐藏的秩序。

本书中，我们会探讨这些家庭心理模式的几个共同根源，它们分别是：

1）根源一：受害者情结。

2）根源二：逃避心理。

3）根源三：自恋。

4）根源四：缺失感。

5）根源五：情绪麻木。

6）根源六：内心混乱而暴躁。

7）根源七：习得性无助。

与之对应，我们也可以找到解决方法，分别是：

1）受害者情结——赋予家庭力量。

2）逃避心理——接纳自身的局限性。

3）自恋——培养孩子的同情心与合作能力。

4）缺失感——培养孩子内心的富足感。

5）情绪麻木——恢复情绪感知力。

6）内心混乱而暴躁——回归平静。

7）习得性无助——点燃孩子的希望。

也许你的家庭中只有其中一种或两种根源，但只要我们忽视了它们，让它们潜入黑暗森林，最终它们就会以其巨大的破坏力摧毁一个家庭的健康，从而影响到我们的孩子。

比如“情绪麻木”这个根源，当父母发现自己经常逃避、忽视或者压抑痛苦情绪，把快乐凌驾于其他所有情绪之上时，就会因此忽视其他情感，或者把它们病态化。父母如果是这样的状态，家庭中的孩子也会因此产生同样的感受——痛苦是不好的，是要避免的。但是，如果我们可以像尼娜一样去关注这些根源，去了解这些模式如何出现在我们的生活里，愿意用充满爱意的眼光去看待自身难以接纳的部分，就可以改变这种模式的基因，不会把自身难以接纳的部分投射给孩子或者其他群体，而孩子也会因此成长得更理智、更勇敢、更自信。

我们可能还不知道努力改变自己会有多少效果，或许你觉得自己没有时间或资源，只想获得一些能快速解决孩子问题的方法。我完全理解你的想法。有时候，我也希望自己拥有一根魔法棒。但我们忘了，为了进入林间空地，自己花费了多么巨大的能量把自己扭曲成社会接纳的样子。

这些心理模式包含着巨大的影响力，等待我们把它们引导至正确的方向。我一次又一次地看到，当父母在这方面做出努力，直面并治愈自己的阴影时，不论他们的孩子面临什么样的问题，都能迎刃而解，而且父母和孩子也变得不那么容易受普遍模式的影响，一个家庭的氛围也会更加积极健康。

此时此刻，你需要做的就是接受这种可能性。甚至你只要拿起这本书，读过这些文字，就已经开启了属于你自己的旅程。

6

我们需要一个空间与自我和解

想要以一种更好的状态从危机中解脱出来，我们需要一个空间与自我和解。作为一名儿童心理治疗师，我的工作中最重要的部分就是创造一个空间，让孩子和抚养者可以与不适的感觉实现共处，而你可以把本书当作这样一个安全空间。全书有一个简单的练习，可以让你直面真相，贯穿了全部的故事和实操内容，可以帮助大家。

下面是这个核心练习的简短版本。

与自我和解的简单练习

· 找到你身体里的感觉：暂时回忆一种让你不适的感觉。它可能与你自己、与你的家庭、与死亡有关等。轻柔地带着你的意识进入身体，寻找身体里最能体会到这种不适感的地方。如果这个地方不太好找，请你注意一下身体是否有任何紧张感。身体的紧张感通常标志着存在一些我们正在努力接受的事情。对此不要过度思考。这是你身体的智慧，不是大脑思考的结果。如果注意到大脑在此时产生了一些判断，你只需观察这些想法，然后让它们像秋风中的金色落叶一样随风而去。

· 让这种感觉留在原地：在确定身体里感觉最明显的地方后，给这种知觉或感觉一个空间，让它就这样留在原地。打消任何修复或改变这段经历的念头，就像在接近一个受到惊吓的孩子一样，用一只手轻柔地爱抚身体的那个部位，让这种感觉知道它可以留在原地。

大多数人进行这个简单练习后都会体会到一种解脱感和一种轻松感。通常他们在身体里找到的那种感觉也会转变成其他东西。如果现在你还是不太能理解，请不要担心，在本书中我们也将不断重温这个练习的其他演化版本。

你也可以使用这个练习引导孩子体会这些感受。事实上，孩子比我们想象中更擅长处理这些感受。只有他们发现成年人对他们不诚实，问题才会出现。所以，对孩子的能力多一点信任吧。让他们随心所欲敞开提问，你要做的就是不去粉饰答案。

我建议你为自己准备一个可爱的笔记本（或者用那个你专为特殊场合保留的、一直在积灰的笔记本），这样在阅读和做练习时，你就可以做一些笔记，也可以给自己一个反思的空间。

在本书结尾，我会为你推荐一些与其他人共同阅读本书的方法。我们不应该独自做这些事情。

当然，有些读者在阅读本书时可能需要专业人士的协助。如果你希望或者需要进一步探索你在阅读本书时出现的任何问题，可以向众多优秀的治疗师、教练、医治者、互助团队和社群寻求帮助。

如果你没时间做任何练习，请千万不要感到愧疚。我们为人父母、生而为人，积累的愧疚感已经够多了。这本书的使用方式没有对错之分。当然如果你愿意，也可以去做这些练习。如果你觉得有用，就在有意义的句子下面画线。认真思考这些话！

当然，你对这本书还是会持有保留和怀疑态度。在这里欢迎你的任何态度和观点。我也和大家一样，既带着自己的怀疑，又带着自己的信念去面对书中的各个问题。诗人大卫·怀特（David Whyte）说过："企盼灵魂生活没有自我怀疑这种黑暗而温暖的智慧，就像在期待新鸡蛋没有母鸡体温一样无稽。"

最后我想说，作为人类，作为父母，你做得已经足够好了。愿本书可以提醒你，对你和你的孩子来说，你已经足够好了。

第二章

心理根源一：受害者情结

被困在囚牢之中的你，如果想要从里面逃出来，

必须做的第一件事就是意识到自己身陷囹圄。

如果你认为自己是自由的，那你就无法逃脱。

——乔治·葛吉夫（George Gurdjieff），灵性导师

1 挑剔的父亲，无助的孩子

丽莎是一位患有抑郁症的单亲妈妈，她有两个孩子，一个6岁，一个8岁。这两个孩子都非常调皮，尤其是在睡觉前，他们不听丽莎的话，在房子里到处乱跑，还吃甜食，互相打闹，就是不愿意睡觉。丽莎非常努力地想要找到改变孩子行为的办法。夜里，每当孩子们闹腾一番终于入睡后，她就会在网上搜索“我怎样才能让孩子规规矩矩的呢？”“我的孩子有注意缺陷与多动障碍吗？”“让你的孩子入睡的小窍门”等相关内容。她还听过好几个小时的育儿视频，甚至向一位“超级保姆”行为顾问付费咨询过几次。尽管她用尽全力，但孩子们的行为还是没有改变。她觉得自己什么事情都做不好，又改变不了现状。在我遇到丽莎的几个月前，她的私人医生还把她的氟西汀（抗抑郁药物）剂量加倍了，但她的情绪还是一直处于崩溃边缘。

在第一次分享中，丽莎说从小到大，她都是在父亲的打压和挑剔中长大。小时候，她在学习上一直在努力跟上进度，但父亲还是一味地贬低她，其实后来丽莎发现是自己有阅读障碍的。这种压抑感一直伴随着丽莎，而且每当感到无能为力的时候，她会觉得内心某个按钮被启动。母亲对丽莎虽然没有明显的指责，有时候甚至在丽莎看来是家庭中唯一的温暖所在，而她扮演的更像是一个拯救者的角色，一边附和父亲，一边掩护丽莎，但这并没有改变丽莎的现状。

在她的童年时期，家庭发生的很多重大变化，也让丽莎感觉难以适应且无法控制。比如，在丽莎 9 岁时全家搬到了意大利，她转到了一所新学校，遭到了霸凌。后来，14 岁的丽莎感觉情绪特别低落，父母就带她去看精神科医生。医生诊断她患有抑郁症，并给她开了抗抑郁药物。

在丽莎看来，不管是父亲对自己的指责、孩子的不听话，还是生活中遭遇的种种，自己总是那个受害者。

为了打破对自己的负面看法，我鼓励丽莎带着同情的眼光去重新看待自己，鼓励她开始重视和孩子们相处的所有美好时光，以及她作为妈妈所做的一切美好事情。我还采用教练式提问，引导丽莎去质疑父亲的打压，审视母亲的救赎，信任自己的力量和智慧。这个过程虽然缓慢，但结果是必然的，丽莎重新找到了自己的定位。当她更加尊重和认可自己时，她的孩子也开始更加尊重她。

要探索这其中的原理，是时候来见见“幕后老大”了。

2 受害者，也是迫害者

受害者、拯救者和迫害者是人际关系中的一种深层循环模式。20世纪60年代，精神病学家史蒂芬·卡普曼（Stephen Karpman）创造性地提出“戏剧三角”理论后，这个模式就被赋予了具体的形状。在戒瘾治疗中，这个模式被称为去权三角，因为处于这个模式中的我们都是在无意识地运作，而且没有人能按自己定义的需求来，这个三角才是“幕后老大”。

你有没有玩过或者见过一种被称作“坐站躺”的即兴游戏？即每人每次占据一个位置，当一个人改变位置时，其他人都要跟着换位置。在现实生活中，戏剧三角也是以类似的方式在运作，只不过有些人是无意识地进入自己的角色，而有些人则更倾向于扮演某些位置的角色。我接触过的大多数家庭，也基本是一个主要的受害者、一个主要的拯救者和一个主要的迫害者模式，而且这些角色是相互依存的：因为拯救者需要有一个受害者才能去拯救，受害者则需要一个迫害者，等等。

尽管如此，不同角色间的区别并不总是那么明显。

几年前，我去保加利亚的罗多彼山参加一个冥想静修营。在此之前我从未去过那里，但是听说他们会用一些非常规的方法来帮助人们从痛苦中觉醒，出于好奇我就参加了。来到这里的第三个晚上，老师宣布这是一个“戏剧之夜”，我们将会进行一场角色扮演练习。面对“角色扮演”这个词，即使是最坚强的灵魂也会为之恐惧。就连静修营里的退伍老兵们在听到这个消息时，似乎都有些紧张。最终被选中的是两位女士和一位男士。他们被老师叫到房间前面，那里有一把椅子和一张桌子，空间很大。老师让其中一人扮演受害者，另一人扮演拯救者，第三个人扮演迫害者。除此之外，老师没有再给他们任何提示。

这种角色扮演的目的是揭露深层的心理模式，即那些支配我们生活的无意识驱动力。因此，角色扮演的结果会让人直面内心，无法回避。

一开始，每个演员都很紧张，表演也很不自然。迫害者对受害者说了一些蛮横刻薄的话。受害者在不停哭泣，拯救者则在尽力让受害者感觉好受一些。但是后来事情发生了变化，舞台上的三个人似乎都陷入了恍惚状态，被一种比意识更深层的力量控制着。拯救者会不断地被牵引着去拯救受害者，而且无论拯救者和迫害者怎样努力，最终都没能敌过受害者的力量。当老师喊停的时候，三位演员都筋疲力尽地瘫倒在地。

最令人震惊的是，在上面的角色扮演中，受害者在房间里掌控着强大的力量，英勇的拯救者却往往会表现得无能为力，任由受害者摆布，而每一个受害者都有可能成为迫害者。这就是为什么我们会看到，很多霸凌者其实都遭受过霸凌，而大多数虐童者儿时也受到过虐待。

旁观者可能很容易看到这些角色是如何运作的，但对身处三角当中的人来说，他们通常是完全不知情的。当这些深层模式被放逐到森林里，就会继续以令我们以痛苦的方式塑造着我们的行为，而且有时可能会影响一辈子。

3

退化到婴儿期的睡美人爱丽丝

尽管爱丽丝身材瘦小，但在第一次走进我的治疗室跟我握手时，却表现得很有力量。戴着矫正牙套的她，给了我一个明媚灿烂的笑容。这一刻，我甚至难以把眼前这个人和她的故事联系起来。我很想知道，这个看上去如此自信的 13 岁少女，怎么会有那样的心理健康问题。

事情大约发生在爱丽丝来找我的一年前。有一天早上，本该起来准备上学的爱丽丝却不愿意起床。母亲克拉拉和她说话，爱丽丝就用一种非常像婴儿的声音回答，但她又不像是在演戏或者开玩笑。无论母亲尝试了什么样的办法，爱丽丝都没法恢复正常，她好像进入了一种恍惚状态。

这种症状一连持续了好几周。每天早上醒来，爱丽丝都是拒绝起床，用婴儿的声音说话，甚至像婴儿一样在房间里爬行。没有什么东西能唤醒她。每当她终于从这种恍惚状态中苏醒时，她都不记得任何事情，几乎是跟失忆了一样。

爱丽丝的父母既沮丧又焦虑，于是带着她去了一家诊所，结果她被诊断患有一种罕见的睡眠障碍，叫作克莱恩－莱文综合征（Kleine-levinsyndrome），又称睡美人症候群。这是一种主要发生在青少年身上的罕见病症，其症状可能包括出现每天长达 22 小时的过度睡眠，倦怠乏力，声音和行为退化到幼儿阶段。这家诊所为爱丽丝尝试了大量不同的心理治疗方法，但是无一奏效。

等到爱丽丝的母亲克拉拉联系我时，事情已发展到了令人绝望的地步。爱丽丝已经连续好几个星期拒绝上学。诊所的精神科医生建议她开始服用锂，这是一种强效情绪稳定剂，常用于治疗成年人的双相情感障碍和急性精神病。爱丽丝的母亲不想让 13 岁的女儿服用锂，于是，我的心理诊所就迎来了爱丽丝。

克拉拉告诉我，爱丽丝是她三个孩子中的老大。在爱丽丝出生后，克拉拉接连几次流产，导致她陷入了抑郁状态。直到再次生育，她的抑郁情况才终于好转。克拉拉还告诉我，爱丽丝的症状是在她第一次来月经之后出现的，而且每次来月经前，她的症状似乎都会变得更加严重。

在爱丽丝的最初几次治疗中，我明显感觉到她已经形成了一种无意识的观念，即只有婴儿才能让她母亲开心，只有婴儿才能获得母亲的关注。因此，就在爱丽丝进入生理成熟期时，某些东西把她拉回到这种婴儿般的恍惚状态。

我们在人生中经常能看到这种模式。比如，到青春期这样的关键性阶段，如果内心仍然有伤口需要处理，就会有一些东西把我们拉回到更早的人生阶段，心理治疗师迈克尔·沃什伯恩（Michael Washburn）把这种情况叫作超越性退行。

因此，我决定让爱丽丝连续进行几次催眠退行，看看是否能接触到那个被冻结在时光里更小的她。她告诉我大概 5 岁左右自己孤独无助的经历。那一次，她自己感觉不舒服，但是保姆不相信她。父亲下班回家后，又累又焦虑，而且还要继续工作，也没有去关心她。

经过几次治疗后，爱丽丝学会了更加有意识地与自己被冻结的部分建立联系。她还学会了倾听这部分的需求，明白了作为一名逐渐成熟的女性，她完全可以满足这些需求，无须退行到婴儿阶段。她能够把自己的孤独无助转化为力量的源泉。我还鼓励克拉拉每周花一个小时，和爱丽丝一起度过一段高质量的专属时光。这个方法是基于这样一个想法：就如同植物需要适量的光照和水才能生长一样，孩子们也需要大人适当的关注才能茁壮成长。

在治疗结束几个月后，爱丽丝给我发来了一封简短而可爱的电子邮件，上面写道：“我现在过得好极了。糟糕的日子一去不返。我喜欢学校生活。谢谢你。”

4

家庭“三角关系”

从去权三角的角度来理解一个家庭，往往对解决孩子的问题很有帮助。自我最认同哪个角色往往是由我们所在的原生家庭来塑造，比如孩子倾向于做一个受害者，那可能是因为家庭中总有一个迫害者和拯救者。在没见识到更健康的力量之前，他们已经习惯性地认可了自己在保持弱小、脆弱和受迫害方面的力量。

下面，我们来看看不同角色通常是如何出现的。

受害者是什么样的？

处在受害者模式的人会发现，当自己的生活出现不顺心的事情时，很容易过分地指责其他人和事。

我们指责的人可能是家人、伴侣或孩子。我们也可能会把生活中所有的错误都归咎于更大的外部因素，比如脸书（facebook）的盛行等等。在大多数情况下，处于受害者模式的人总是在埋怨别人，意识不到自己可以做些什么来改善自身处境。他们在不断地寻求安慰与肯定，总在自身以外寻找问题的答案。就像睡美人一样，受害者也在等待一位身穿闪亮盔甲的骑士来拯救自己，而那个人可能是伴侣、治疗师、老板、专家、医生，或者任何事实上可能拯救自己的人。如果他们没能以期望的方式得到拯救，就会因此陷入愤怒状态，或者产生无用感和孤独感。

处于受害者模式时，我们总是想要让周围的人都知道我们在受苦。在讲述自己的苦难经历时，我们会无意识地放大自己的痛苦，因为自我的一部分会觉察到，这样做就可以获得更多的支持、更高的地位或权力。假如有两个或者更多的受害者聚在一起，那场面就会变成一场激烈的“比惨奥运会”，大家追根究底地想要搞清楚谁的痛苦更严重。有时候，我们还想隐晦地让别人知道我们在受苦，比如在做一件困难或者耗时的事情时，我们可能会有意地发出一声长叹或者怒喝。

还有些人会通过让内心的受害者掌控一切，来赢得更多的点赞。我曾经治疗过一个真正有心理健康问题的少女，她经常郁郁寡欢，出现自残行为。但是，当看到身边健康的朋友却在社交媒体晒自己的心理健康问题时，她开始怀疑自己是不是真的有问题。她对我说：“或许这一切都是我虚构的，因为所有这些心理健康的东西看起来都太假了。”

迫害者是什么样的？

没有人认为自己是迫害者。迫害者通常是出现在别人的指责对象中，这个人可能是老板、前夫（妻），甚至可能是我们的孩子。我们会说："这都是你的错！"但是，如果放慢脚步，对自己给予足够的关注，我们通常会在大脑中发现属于自己的迫害者。这个内心的迫害者会变成内心批判的声音，严厉地批评自己超重，批评自己有一个表现不佳的孩子，批评自己不够成功。这个内心的迫害者往往是我们因为自己的困难而去指责的外部迫害者的镜像。比如，如果你有一对吹毛求疵的父母，那么你下次批评自己的时候，往往能在自我指责中发现父母的能量。

通常，内心的迫害者会发展为一种抵抗无助感的心理防御，而这或许是因为过去我们曾被霸凌或者欺负过。这种感觉就像是我们有两个选择，要么变得脆弱，让自己受人指摘或欺负，要么就去欺负自己或其他人。这种情况下，迫害者就成了一种内化的压迫形式。外在压迫是你无法逃离的监狱围墙，内化压迫是你内心束缚自己、让自己变得渺小无助的声音。

拯救者是什么样的?

我们经常看到的一种家庭循环模式是：父母扮演了拯救者。他们时刻徘徊在孩子左右，一旦看到他们有点难过或痛苦，就会从天而降替他们解决问题。困在拯救者模式中的父母甚至认为，必须为了孩子牺牲自己的全部生活。但是，拯救者一旦做出牺牲，就会转变为殉难者，成为另一种形式的受害者。他们会感到愤愤不平，会这样说或这样想："我为你付出了这么多，你这个忘恩负义的小浑蛋！”

有时候，为了应付眼前之事，我们不得不去“拯救”孩子，比如你得帮懊恼的5岁儿子穿上校服，这样他才能准时赶到学校。但如果这种行为变成下意识的习惯，我们就会让孩子丧失忍受挫折和自己解决问题的能力。

当然，做父母的本能就是保护孩子免受伤害。我还记得罗丝2岁时，有一次我陪她在一片林地里玩耍。当时我看到她努力地想和一群大一点的孩子一起玩耍。她追着他们跑来跑去，拼命想加入他们的游戏。但是很显然，她不知道游戏规则，也不受大家欢迎。尽管她一再重复着“你们可以带我一起玩吗？”，但这群大孩子根本不理她。其中一个孩子甚至叫她“愚蠢的小宝宝”。我看得出来，这件事伤透了罗丝幼小的心灵，也伤透了我的心！我很想把她一把抱起来，打电话给这些小浑蛋的家长，让他们好好教训一下自己的孩子。但我提醒自己，我的女儿有一种能在困境中成长的内在能力，她只是需要有人能陪在身边而已。当然，这也并不意味着你的孩子就应该忍受霸凌。但是，除了要对霸凌行为设定底线外，让孩子有能力应对困境且不去插手解救他们，这一点也很重要。

将来，罗丝在学校可能还会遭受霸凌，而且霸凌她的人会是那些她认识的人，甚至可能是她的朋友。让我们直面现实吧，与她在未来生活中可能遇到的挑战相比，这件事真的不值一提。如果想帮助孩子们茁壮成长，我们要给予他们足够的信任和力量。

5

我们是如何陷入受害者模式的

通常情况下，一个人很难走出习惯的行为模式。这就像一个犯人，会为了返回监狱的安全墙里而再次犯案一样，我们也会在熟悉的事物和熟悉的地方找到某种舒适感。

试试下面这些提示语，看看哪些会让你把自己在戏剧三角中扮演的无意识角色从一种有害的力量转变为你灵魂中有意识的、完整的一部分。

1. 生活中有哪些地方会让你感觉无助？小时候，你有没有和丽莎或爱丽丝一样，经历过让你感觉受害的“电击”、危险或困境呢？可能是郁郁寡欢或非常挑剔的父母或老师，也可能是尚未确诊的学习障碍，又或者是生活中任何让你感觉无法预测、失去掌控的重要时刻。（当然，如果你曾经遭受过严重的创伤或虐待，你可能需要一些专业人士的帮助。）

2. 在你的生活中，有没有哪些领域（职业、育儿、人际关系、金钱）会让你不由自主地从自身以外的地方寻找解决方法呢？不是说寻求帮助不好，只是我们对自己的内在智慧还不够信任。

3. 你通常会认同哪个角色呢？是拯救者，迫害者，还是受害者？这个三角中的哪些“角色”会经常和你在一起呢？如果你不能确定，可以注意一下生活中你最反感的人。

4. 你的孩子身上出现了哪种角色的迹象？比如，孩子可能进入受害者模式的一个迹象是，他们会说自己无法完成某件事，例如系鞋带、刷牙、解决作业中的问题等，而你知道他们是可以做到的。

5. 你对自己的角色有什么暗暗喜欢的地方吗？处于这种模式会给你带来舒适感或安全感吗？如果你常常处在受害者模式，那么看下内心是否有一个假冒受害者的迫害者？

6. 你能描述一下自己内在角色的样子或性格吗？他们是什么样的？给他们起一个名字。你甚至可以把他们画下来，画得越夸张越好。你能在心中找出一块地方来爱这些角色和他们在我们生活中上演的古老戏码吗？

7. 如果你曾经陷入过受害者模式（谁没有过呢？），请用下面这些句子做开头来深入地探索你的无助：

我知道我处于受害者模式，当时……

过去，我内心的受害者曾帮我……

我的受害者也会变成一个迫害者……

我会习惯性地寻找白马王子 / 拯救者，特别是遇到这些情况……

我放弃自己力量的五种方式是……

6
改变的魔法按钮

记得有一天，在去幼儿园的路上，我推着罗丝坐进了婴儿车里。当时我俩发明了一个游戏：只要她一按魔法按钮，婴儿车就会跑得更快。她很喜欢这个有掌控感的游戏。

在生活中，我们也希望有这样一个魔法按钮，因为它能帮助我们感受到力量。在对人类习得性无助的研究中，有一个发现：那些对结果有一定控制力的人，即便从未使用过控制按钮，在后续任务中他们都会表现得更自信、更能干。例如，在一项实验中，两组参与者被置于巨大的噪声环境中。其中一组人有一个能停止噪声的按钮，另一组人则没有按钮。第一阶段实验结束后，所有参与者又再一次被置于巨大的噪声环境中。这一次两组人都可以选择停止噪声。但是第一阶段的实验中未获得按钮的那组人，即使在第二阶段的实验中有了选择，他们也懒得去控制巨大的噪声。换句话说，要想从无助状态转变为充满力量的状态，我们需要记住自己拥有一个按钮，即我们拥有某种能量。

的确，外部环境存在着很多可怕的事情。但是，我们对它们的感觉、我们对它们的回应、我们的回应为孩子树立的榜样，这些都取决于我们的控制点。当我们被困在受害者模式中时，当我们指责自身以外的其他人或事时，我们拥有的是一个外部控制点。但是，当我们被赋予能量，知道就算面对最可怕的事情，自己也总是有选择、总是有能量时，我们拥有的就是一个内部控制点。受害者只要找到这个控制点，就可以摆脱无助感。

在一项儿童创伤研究中，弗兰克·因富尔纳（Frank Infurna）和克里斯托·里弗斯（Crystal Rivers）发现，那些从小获得支持，找到自己可以掌控的生活领域，并在这些领域采取了积极行动的孩子，可以更快地从创伤中恢复，并且他们的心理健康状况也会更好。

现在，为了我们自己，为了我们的孩子，甚至是孩子的孩子，我们必须学会的一课是：我们确实拥有一个按钮，可以阻止我们陷入某种固定模式。我们可以走出去权三角，可以把自己从这场深度睡眠中唤醒，从无助到有力量，让自己和我们的孩子获得自由。

第三章

疗愈方法一：赋予家庭力量

你有头脑，有双脚。

你可以把自己带向你选择的任何方向。

你可以自己做主，你心中有数。

你才是那个决定去向何方的人。

——苏斯博士（Dr Seuss），儿童文学家

1

你的孩子比你以为的更强大

20 世纪 80 年代，约翰·塞布尼亚（John Ssebunya）出生在乌干达邦博的一个村子里。彼时的乌干达正陷入一场残酷的内战，年仅 2 岁的约翰亲眼目睹了父亲杀死母亲，然后上吊自尽的场景。后来，他逃到村子附近的丛林里，可能正是这一举动让他免于成为一名儿童兵。独自在丛林中生存了几天的约翰，偶然间遇到一群绿色长尾黑颚猴。起初，这群猴子比较谨慎，毕竟孤身一人在丛林中游荡的幼小人类并不常见。不过，猴子很快发现约翰没有任何威胁。于是，它们开始给他一些坚果、甜薯一类的食物。它们还让这个男孩加入了它们的丛林旅行队伍，并且教会他如何爬树、寻找食物。就这样，约翰在丛林里生活了 3 年。直到 5 岁时，附近部落的一名妇女发现了他，这才把他带回了文明社会。

一个蹒跚学步的幼童，如此脆弱的生物是怎么独自一人在丛林中存活下来的呢？我们的孩子似乎比我们想象的更有韧性。根据伦敦大学儿科学高级讲师阿利斯泰尔·萨克利夫（Alistair Sutcliffe）博士的观点，与成人相比，儿童从极端身体创伤中幸存下来的可能性更高。萨克利夫博士说：“这是简单的物理原理。儿童的身体胖乎乎的，肢体更加柔软，肺也更健康。因此他们对伤害的抵抗力更强。”

当然，我们绝不希望任何一件不幸的事件发生在任何孩子身上。在某些方面，孩子是地球上最脆弱的生物，但在某些条件下，我们的孩子表现得确实比我们认为的更强大。

2

玩刀子

几年前，我和妻子劳拉一起拜访了一位住在伦敦的秘鲁导师唐·奥斯卡，他以帮助夫妻解决生育问题而出名。当时我们夫妇俩正处在历经数次流产之后的痛苦挣扎阶段，正忙于去尝试各种受孕途径。

唐·奥斯卡让我们在一个装饰有巨大的异国风情羽毛的房间里坐下，整个房间充满了秘鲁圣木的香甜气息。他告诉我们，他在厄瓜多尔的妻子 48 岁时生下了一个女婴，而他们没有做试管婴儿，也没有接受任何药物干预。听到这个消息时，我们满心欢喜。但是这次拜访过后，深深留在我脑海中的故事却是，唐·奥斯卡曾经给了他 4 岁的女儿一把弯刀，让她学会独自穿越森林。而且他告诉我，在他们村子里这是常有的事。

在我们看来，上面的事情简直难以想象，怎么能让一个 4 岁小孩自己拿着弯刀穿越森林呢？但实际上，这种事情远比我们想象的更为普遍。人类学家大卫·兰西（David Lancy）在一篇题为《玩刀子》的文章中描述过一个来自巴西亚马孙雨林土著部落的小孩：“他在把玩一把长约 9 英寸（22.86 厘米）的锋利菜刀。他拿着菜刀在周身挥舞，刀刃时不时会靠近他的眼睛、胸膛、胳膊和其他身体部位。当他把菜刀扔掉时，正在跟别人说话的母亲会漫不经心地向后伸手捡起菜刀，递给这个刚刚学会走路的小孩，整个过程中她的聊天都没有中断过。”

某些部落的孩子，在很小的时候就被赋予了令人惊讶的高度信任和自主权，这些文化是基于一种极其重视孩子天生思考能力的育儿哲学。著名的人类学家李·耿普尔（Lee Guemple）在加拿大北极地区的因纽特人社会中生活了很多年。他观察发现，因纽特人“不会贸然教给孩子一些他们可以靠自学轻松掌握的东西”。

当然，在现在的环境中，我并不建议你把孩子独自一人扔在丛林里，只留下一把弯刀，然后希望有几只善良的猴子来照顾他们。但是，在这个充满不确定性的世界里，想让孩子茁壮成长，我们是不是可以少在他们身边徘徊，给他们多一点信任和自主性呢？

3

培养孩子的优势和强项

赋予孩子力量的最佳方式之一就是培养他们的优势。在创伤修复工作中，这种方式叫作“资源优化配置”。这里的优势可以是包括毅力、创造力、耐心在内的品质，也可以是本书提到的所有解决方法。

心理学家莉·沃特斯（Lea Waters）在她的《优势开关》一书中推荐了优势的赞赏办法，即对孩子的优势，要进行非常具体明确的描述。例如，当孩子向你展示她的绘画时，你不要说“画得好”，而是要说“我注意到你画画时非常专注”。孩子就像一朵沐浴在阳光里的花儿，你越是经常发现他们的优势，他们就会成长得越好。作家兼育儿专家佩吉·奥马拉（Peggy O’Mara）有一句名言：“我们对孩子说话的方式会成为他们内心的声音。”如果你慧眼如炬，发现了孩子的优势，那么随着时间的推移，这些优势终将会发展成为他们内心的声音。

优势培养练习

为了让这个办法奏效，我们成年人需要首先从自己做起。

花点时间，写下你认为自己拥有的且对其感到自信的五个优势。如果自己想不出来，可以问问你的朋友或亲人，看他们眼中你的五大优势是什么？要注意此时你内心的批评家突然发出的声音。要知道，你完全有能力告诉这个内心批评家，让他靠边站。

现在，试着带你的孩子做一遍同样的事情。问问他们，自己的五大优势是什么，或者和他们分享一下你的看法。如果孩子太小，你可能需要用现实生活中的例子来给他们解释。你也可以写下你或孩子暂时还没有信心，但你们可以一起努力培养的五个优势。

沃特斯建议使用教练式提问，在这种情况下，你不是解决问题的专家，而是通过提出一些鼓励性的问题，帮助孩子找到他们自己的答案。例如，孩子正在担心某件事，你不要急匆匆地给出建议并解决问题，可以试着问问："你感觉自己需要什么呢？"或者"我能为你做些什么呢？"如果想要更加具体地说明孩子的优势，可以试着这么说："你有什么优势可以帮你解决这件事呢？"

4

有选择的保护

有一天，我去参加一个 4 岁小孩的生日聚会。孩子的父母租了一个充气城堡。在步行前往聚会现场的路上，我想：今天应该会很轻松吧。孩子们在充气城堡里尽情玩耍，家长们可以喝点小酒，放松一下。

不幸的是，这个充气城堡并不是一个好玩的地方。在家长看来，这是一个随时可能发生骨折或更糟糕情况的危险雷区。我努力地想坐在旁边喝点酒，但当看到那些家长一下午大部分时间都守在城堡门口，不停地干预孩子们的游戏时，我还是不情愿地拖着脚步回到了这座危险城堡的门口，认真地站起了岗。和其他家长一样，即使是在面对充气城堡这样本该很好玩的东西，我也陷入了一种持续的焦虑恐惧状态，而这种恐惧让我们对孩子不经意间进行了过度保护。

事实上，在过去的 21 年里，全球每年平均会有一个孩子在玩充气城堡时不幸逝世，其中大多数事故的原因在于充气城堡安装不当或者遭遇强风天气，而孩子死于蜜蜂叮咬或狗狗攻击的可能性反而更高。但是，为什么这样的偶然事件，会让我们花上一天时间在蹦蹦跳跳的孩子们身旁紧张地徘徊着？因为它触及了我们内心最深处的恐惧，人们觉得这种事很有可能会发生在自己身上。

在《娇惯的心灵》一书中，乔纳森·海特（Jonathan Haidt）和格雷格·卢金诺夫（Greg Lukianoff）指出，随着时间的推移，父母对一切风险的容忍度变得越来越低。为保护孩子免受身体伤害，父母做出的善意努力正在经历了一场任务蠕变。他们把这种现象称为“安全保护主义”。

他们明确指出，安全保护主义始于1981年佛罗里达的一起诱拐案件。当时，一个名叫亚当·沃尔什（Adam Walsh）的6岁小男孩在一家大型商场外被人诱拐。亚当的父亲约翰·沃尔什（John Walsh）把自己的悲痛制作成一部名为《亚当》的电影。电影讲述了案件的经过，观影人数达到3800万人。而后，他推出了一档真实犯罪节目《美国头号通缉犯》，还开创了一种快速走红的全新概念，即把失踪儿童的照片印在牛奶盒上，照片上面的标题是大写的“MISSING（失踪）”字样。很快，这些失踪广告还出现在了杂货袋、广告牌、比萨盒甚至是水电账单上。

这件事给家长带来了什么影响呢？一个骇人听闻的故事轻松按下了父母的保护按钮，触发了他们内心最深处的恐惧。“社会规范改变了，担忧恐惧增加了。许多父母开始相信，在任何公共场所中，如果他们的视线从孩子身上移开一秒钟，孩子就有可能被人抢走。在无人看管的情况下，无论何时何地，让孩子独自留在酒店房间、爬树、使用刀具、玩充气城堡、在没有大人陪同的情况下独自外出等，都是十分危险的。”

当然，父母应该把孩子面临的风险降到最低。我们要让他们坐安全座椅、教他们在过马路前先停下脚步、给他们报游泳课、为他们准备摩托车头盔、确保充气城堡安装妥当。

不过，当我们对孩子过度保护时，是否也存在着真正的风险。越来越多的证据表明，过度参与和过度控制的“直升机式”育儿对孩子的心理健康有害，会诱发他们的习得性无助，陷入受害者模式中。2014 年美国的一项研究发现，拥有直升机父母的大学生明显更容易抑郁，而这一情况要归咎于父母违背了孩子“自主感和胜任感的基本心理需求”。此外，最近一项调查发现，英国四分之三的儿童在户外的活动时间比监狱里的囚犯还要少，而英国父母允许孩子独自外出玩耍的平均年龄竟然是 11 岁。

从关键角度来看，孩子出现心理健康问题的可能性是被诱拐的孩子的 14 万倍，出现自残行为的可能性也是被诱拐的 14 万倍，试图自杀的可能性是被诱拐的 3.8 万倍，而自杀身亡的可能性是被诱拐的 8 倍。当然，说这些数据并不是说诱拐儿童这件事不可怕。我只是希望你在想象的风险和因过度保护而造成的心理健康风险之间进行一个权衡。

你不必受恐惧所裹挟，你的保护是有选择的。

5

反脆弱

小时候，我家住在曼彻斯特郊区。5 岁时，我可以和其他孩子一起去离家不远的街道上玩耍。6 岁时，我可以在没有大人看管的情况下，和姐姐们一起去我家后面的田野里探险。7 岁时，我爬上朋友家后面地里的一棵树，结果摔了下来，还把脑袋划破了。当时旁边没有大人，我朋友连忙跑回家求助。虽然最后脑袋上的伤口需要缝合，但我也没有什么大碍。

回首往事，我发现正是那段没人看管、自由玩耍的日子，让我真正地感受到了探索和冒险的乐趣，让我学到了东西，得到了成长。

同样，为了让孩子茁壮成长，我们需要让他们接触某些环境，面对某些风险，这就是风险分析师纳西姆·塔勒布（Nassim Taleb）所讲的反脆弱。个体或系统并非如陶瓷茶杯一般脆弱，他们需要承受压力和风险才能变得更加强大。儿童具有反脆弱性，生来就拥有近乎无限的潜力，但这种潜力必须远离保护的目光，自由地去探索和成长，否则永远都无法得到激发和增长。对孩子而言，总会有另一场有助于成长的冒险在等待着他们，而他们也已经做好了准备。做父母的职责就是为他们提供一个环境，让他们能够更好地迎接这场冒险。

风险评估

当你考虑是否允许孩子做某件事时，可以进行一个权衡，看看这件事情最糟糕的后果和过度保护对孩子心理健康造成的长期影响，二者间孰轻孰重。问问你自己：有没有一种办法可以让我的孩子承担这个风险？这种办法所需的最低限度的保障是什么呢？

例如，如果你的孩子还不满 11 岁，想要自己去上学，你要确保有人陪着他们一起去。

如果他们想去你家后面的田野里玩耍，你要确保他们知道最远能去到哪里，如何找到回家的路。

如果你想获得更多帮助和指导，可以浏览 Free-Range Kids（自由放养儿童）网站，网址为 www.freerangekids.com 或者 LetGrow.org 网站，上面有大量优质内容，介绍了儿童心理韧性以及赋予他们更多自主权的必要性。

6

好学生凯蒂

我在伦敦北部一所学校当心理治疗师时，遇到了 17 岁的凯蒂。当时，她的英语老师让我给她做几次一对一治疗，希望以此缓解她的急性焦虑症。在第一次治疗中，我注意到凯蒂整张脸都紧紧地皱一起，就像一个被人揉成一团丢弃掉的空薯片袋。她告诉我，这两年来，每当自己感觉压力很大时，就会大把大把地拔头发，这种情况叫作拔毛癖。凯蒂的学校和父母都迫切希望她能被治好，因为他们都期待她可以在 A-level（普通中等教育证书考试高级水平课程）考试中取得优异成绩。但是，在心理健康服务机构接受了 2 年帮助，凯蒂还是紧紧皱着一张脸，仍然会拔自己的头发。

孩子是“哨兵物种”，他们表现出来的症状其实是在无意中尝试着缓解与周围环境的冲突。如果在家里或学校感受到力量被剥夺，感到无助，他们就会想通过别的方式重建力量，而拔头发就是人类应对无助感的一种古老反应。

第三次治疗结束时，我发现凯蒂的焦虑很大程度上来源于父母施加给她的不切实际的学业压力。她的父母一直不停地徘徊在她身旁，细碎地管控着她的时间，没有留给她一点做自己事情的空间。凯蒂很害怕直面父母，说出自己的真实想法，因为他们对她的学业方面的期待太过沉重了。于是，我决定帮凯蒂看清楚，她是有选择的，而且完全可以说“不”。

凯蒂的害怕情有可原，因为孩子最害怕的就是被父母拒绝。当父母否定孩子时，哪怕只是用“眼神”表示，对孩子来说也像电击一样痛苦。当然，我们有时候需要对孩子的一些行为提出反对意见。但没有鼓励，只有过多的反对，会引发孩子的无助感。凯蒂就像在电击实验中选择放弃的狗一样，因为经历了太多的反对，所以感到孤立无援。而她的潜意识则找到了一种更具象征意义的新方式来传达这种无力感，那就是拔自己的头发。

在我的劝说下，凯蒂同意通过角色扮演来体验一些艰难的交流场景。我们轮流扮演凯蒂、她的老师和她的父母。经过演练，凯蒂终于获得了足够的信心，可以进行真正的交谈。在与老师和父母协商后，她成功地减少了作业量，减轻了学习成绩带来的压力。

两周后，凯蒂的老师敲响了我咨询室的大门。她说：“你和凯蒂一起做了些什么？她看起来完全变了个样子，非常轻松自在，而且她拔头发的症状几乎都消失了。”

7

为孩子赋能

你观察过婴儿学习走路的样子吗？我还记得罗丝刚学走路时，不断地摔倒受伤，又不断地爬起来，那个场景让我看到：孩子生来确实是脆弱的，但内心却有一种不可动摇的征服欲。

每个孩子体内，都有一种天生的智慧。这种智慧能让孩子们至少能够存活下来，能够发挥自己的潜力。有人把这种智慧称为精神或灵魂，也有人管它叫作意志或生命力。而当我们徘徊在孩子身旁，横插一脚想把他们从痛苦中解救出来时，孩子的这种天生智慧就被我们禁锢了。因此，要让孩子从感到无助到充满力量，我们要给孩子赋能，帮助他们从内心深处发掘这种智慧。我们需要对孩子多一点信任。

通常，孩子体内的深层智慧能与父母的深层智慧和谐共处。在《培育天性》一书中，格雷厄姆·缪斯克（Graham Music）把子宫中的胎儿描述为一名“掌控着宇宙飞船的宇航员”。在这个观点之下最引人注目的例子来自过去30年中完成的一项研究。该研究发现，胎儿会把干细胞送入母亲体内，用来治愈母亲身体受伤的部位。这种现象叫作母胎嵌合。而且，更令人惊奇的是，婴儿出生很久以后，那些胎儿细胞还会继续对母体产生积极作用。

我们的孩子比我们以为的更加强大。他们体内蕴含着一种力量，在这种力量的作用下，胎儿能把干细胞送入母亲体内为她疗伤，幼童无论摔倒多少次都能学会走路。孩子的身体里有一股天生的冲劲儿，支撑着他们去成长，去探索未知，去实现自己最大的潜能。

我和凯蒂一起做的事情，包括我与工作中遇到的每个孩子一起做的事情，其实并没有那么复杂。我对他们的深层智慧充满信任并加以指引，会尽全力尊重这种智慧，也尊重所有的孩子。我会向他们提出一些鼓励性的问题，并带着平和与开放的心态去倾听他们的回答。我会给他们发声的机会，鼓励他们表达不敢表露的想法和感受。我让他们认识到，自己拥有力量，也可以获得自己的内在优势，而这就是赋能。

8 四个原则

为孩子赋能，我们要坚持四个原则，分别是：

第一，相信孩子比我们以为的更加强大

找到信任孩子的方法，哪怕只是比现在多一点信任也可以。当孩子在努力做一件事，并因此感到沮丧或焦虑时，注意一下你的反应。这件事可能是穿鞋、写作业、离开你的看管去玩耍，或者是为第一次约会做准备。你怎样做，才能让他们觉得你相信他们有解决问题的能力，不需要你横插一脚去解救他们？

试着让他们承担一些处在自己舒适区边缘的小风险。与此同时，你可能会注意到有一股强大的拯救者力量正在你的体内酝酿，而你需要做的就是忍住这种感觉。如果你对风险的大小不太确定，问问自己：现在可能发生的最糟糕的情况是什么？

注意寻找孩子表现出心理韧性的迹象，并且把它们反馈给

孩子。几年前，我治疗过一个 14 岁的自残女孩，她叫普里西拉。我给她推荐的标准化心理治疗技巧都没有奏效，于是我不再关注她手臂上的伤口，转而开始注意那些能反映她心理韧性的、哪怕是最细微的迹象，比如她每天早上起床后会洗澡、吃早餐，把自己照顾得很好。后来我发现，我越是关注她的优势，她就越开始相信自己。最后，她自己想到了停止自残的办法。你猜怎么着？她的办法比网上能查到的那些标准技巧管用多了。

第二，给孩子塑造积极的意象

人们很容易落入一个陷阱，认为新闻头条可以真实地反映这个世界，而这个世界到处都是恋童癖和杀人犯。要想平衡这种以恐惧为基础的观点，我们可以引导孩子去寻找积极的意象，主动寻找人们心中的善良，毕竟心地善良的人要比内心邪恶的人多得多。

从现在开始，主动寻找一些陌生人对彼此释放善意的瞬间吧。不需要那种夸张到拯救世界的行为，只要一些小小的美好瞬间即可，比如为身后的人开门、向公交司机道谢、路人投来的一个微笑等等。这个方法，不仅能帮助你控制自己的恐惧，也能让孩子学会更加积极主动。

第三，认识到孩子的不良行为可能是无意识的治愈行为

如果你的孩子正在受某些问题的困扰，不论这问题是吃

饭、睡觉、做作业、焦虑，还是抑郁症，请都不要试图去“治好”他们，而要问一问自己下面这些问题：

- 孩子表现出的行为是想传递什么信息？
- 孩子的“不良”行为暴露出家庭的哪些盲点？
- 在孩子产生无力感的情况下，他们如何通过情绪或行为帮助自己努力重获一些力量？
- 我怎样才能帮他们用一种更健康的方式来表达这种情绪呢？

也许你只需倾听他们的想法，或者找其他人来倾听，又或者帮他们写出来或画下来。孩子的“不良”行为或许只是在表达自己的不适。如果你想治愈孩子，想让孩子在一个永远不会破碎的世界里长大，那你就必须学会倾听。

在工作中，我接触过许多家庭。孩子出现不良行为，很多都是因为父母有矛盾，或者存在一些诸如父亲酗酒、母亲有外遇等令孩子不适的状况。无论你的家庭中是什么状况让孩子出现反常，请记住，这不是你的错，但却是你的责任。给所有无意识的交流一个发声的空间和机会，情况就会得到改善。

如果你感觉自己的孩子就像煤矿里的金丝雀一样，已经察觉到了某些令人不适的真相，那么恰当的做法是偶尔向他们提起这件事。只要把这个问题摆在明面上，就可以大大缓解孩子的症状，让他们明白自己不会受到伤害。例如，你可以说：“我知道爸爸妈妈最近一直在吵架，你可能担心我们不爱你了……”

第四，坚信“能力越大，责任越大”

这句话是蜘蛛侠说的。是的，说得对。只有教孩子学会承担责任，我们才能真正实现为他们赋能。而要想教会他们承担责任，唯一的办法就是以身作则。如果我们说一套做一套，孩子是能看得出来的。

承担责任意味着有能力选择如何应对各种情况。杰克·坎菲尔德（Jack Canfield）提出过一个“100% 负责”原则，它改变了我们许多人的生活。坎菲尔德说，当事情没有按照我们的计划发展时，我们就会埋怨别人，进入受害者模式。但其实，我们应该对生活中的一切经历表现出 100% 负责的样子，即无论遇到任何事情，我们都能选择如何应对。明白我们是有选择的，这并不那么容易，尤其是在我们经历过复杂创伤之后。但是，我们确实有不同的选择。

留意一下，在遇到问题时，你总是归咎于哪个人或哪件事。现在，停止埋怨，假定你自己对问题负有 100% 的责任，看一看会发生什么，事情有没有发生改变。

9

具体如何做?

• 在家里给孩子找点事情做。如果他们把东西搞得一团糟，那就让他们打扫干净。你也不必太过苛刻或严厉，只需要向他们解释清楚，事情就是这样运作的，而且不仅是在家里或者学校，在全世界都一样。一旦你的孩子可以工作，就支持他们去找一份工作。

• 不要再叫你的孩子起床！如果你的孩子已经十几岁了，就不要像对待小孩子一样对待他们了。每天早上叫他们起床，他们永远都学不会自己起床。你可能会认为：如果我不叫他，他永远都不会去上学……他永远都起不了床，考试也通不过，工作也找不到，最后他的人生会过得一团糟。放弃吧，那只是你一厢情愿的“认为”。

• 不要冲孩子吼叫着下命令，要提出一些鼓励性的问题。比如“你下一步需要做什么？”或者“在这种情况下，你能做什么有帮助的事情？”。如果他们犯了错，把事情搞砸了，你的职责是教会他们承担错误的责任，而不是去指责他们，或者让他们为此感到羞愧。问一问他们：“如果再来一次，你能做些什么不一样的事情呢？”

请记住：你为孩子的每一次赋能，即使是以最微不足道的方式进行，这些小小的行为都会在孩子心里建造一座自信的宝库，让他们产生一种深刻的信念，相信自己能够应对生活的挑战，解决遇到的问题。

第四章

心理根源二：逃避心理

我们很多人其实都不在自己的身体里，

没有与构成躯体生命的基础韵律建立联结。

我们栖息在身体以外的地方，

在我们的大脑中、记忆中、憧憬中，

最后却让自己的身体庄园没有了主人。

——加布里埃尔·罗斯（Gabrielle Roth），音乐舞蹈家

1

患有焦虑症的索罗门

索罗门是三个孩子的父亲，也是一名中学教师。我认识他的时候，他已经患抑郁症和焦虑症 10 年了。按照正常治疗惯例，在前几次治疗中我了解了一些他症状背后的故事。

在索罗门 5 岁时，索罗门的父亲忽然离开了家，只剩下母亲独自抚养 5 个孩子长大。可想而知，他的母亲感觉心力交瘁，总是冲孩子们大喊大叫。为了保护自己免遭怒火波及，索罗门从小就开始埋头于书本和《龙与地下城》这样丰富多彩的幻想世界之中。

索罗门的脑子里总是同时思考着许许多多的事情。那些现实中的、幻想中的、书中的故事总在不断地循环上演，这让他感觉十分焦虑。在一次治疗中，我指引他把意识从大脑带入身体里，想看看能否找到他的焦虑来源。静坐了几秒钟后，他说道：“只要一想起小时候的家，我就觉得有人在掐着我的脖子，有种窒息感。那种感觉让我很焦虑和恐慌。”

在那种情境下，我尝试通过冥想练习让索罗门先去感受那个真实的自我。我让他把一只手轻柔地放在感觉到焦虑的部位，并让那种感觉停留在原地。接着，这股能量转移到了他的胃部。我们又继续做着相同的事情，把手轻柔地放到胃部，让感觉留在那里。结束这次迷你冥想练习后，索罗门告诉我，在焦虑消失的片刻间，他体会到一种如释重负的解脱感。

对索罗门来说，焦虑是逃离家庭纷扰，迷失在虚幻现实中，不愿面对自我和现实的后果。然而，索罗门在感受到最真实的自我并如释重负之后，我注意到他脸上流露出失望的神情。对此，我询问了他的感受。他承认自己感觉到了一股奇怪的怒火，但不知道为什么会生出这种感觉。

从痛苦中解脱出来时会感到恼怒，这似乎是一种很奇怪的反应。但事实上，我们很善于逃避现实。这些虚幻的现实是我们一直坚守的身份认知，可能曾经帮助我们渡过了许多难关，但我们害怕面对未知世界中的不确定性。当知道要去打破陈旧的思想框架，我们就会感觉懊恼，拒绝做出改变。当我们找不到新的依靠时，就会感到痛苦。所以，逃避，就跟撒谎一样，会让人上瘾，会形成一种心理依赖。

2 逃离痛苦幻想症

经典儿童读物《野兽国》里的小男孩迈克斯，穿上了野狼玩偶服装，在自家附近制造了一场大混乱，结果被罚不准吃晚餐，饿着肚子上床睡觉。困在房间里的迈克斯眼睁睁地看着卧室的墙壁变成了郁郁葱葱的茂密森林。接着，他踏上一艘船，扬帆起航，驶向了居住着恐怖大怪兽的幻想之地——野兽国。到达野兽国的迈克斯发现自己拥有一种魔力，只要用力瞪着怪兽的眼睛，它们就会向他屈服。于是，他成了野兽国的国王。在经历了一场疯狂的幻想之旅之后，迈克斯最终厌倦了这个世界。他重新踏上小船，向家的方向驶去。回到家后，迈克斯发现房间里有晚饭在等着他，而且还是热的。

在这个故事里，我们看到迈克斯很想逃离痛苦情绪，希望能在自己无能为力时重新获得掌控感。幻想是一种逃离痛苦的美好方式。当现实世界很难或不可能满足我们的愿望时，幻想就可以让我们在想象中得到满足。

在21世纪，要逃离痛苦的现实，活在虚拟世界中，可供我们选择的方式不计其数，比如电子游戏、短视频、真人秀等，而对父母来说，期待孩子按照自己的意愿成长，本质上也是一种幻想。当现实与幻想不符时，我们就会陷入焦虑或愤怒中。

索罗门聊起自己现在的家和三个孩子时，说自己总是处于焦躁和抑郁的撕扯状态。一方面孩子们不听话，自己会忍不住发火，另一方面发火之后又会十分恨自己，痛恨自己跟母亲一样。他希望能带给孩子们完全不一样的家的感觉。当现实中达不到这种感觉时，他又会很失落。

达利斯是我的另外一位客户，他已经结婚了，但并不觉得幸福，而且总是陷入与一位同事发生性关系的幻想中。事实上，他们之间从未发生过任何实质性的关系，甚至他都不清楚那位同事对他是否有感觉。达利斯的幻想表明，他并没有直面自己婚姻中非常现实的问题。

不管是索罗门的焦虑、迈克斯的野兽国还是达利斯的性幻想，其实都出于逃避心理，期待幻想能改变一切。其实所有这些幻想有着共同的特点和深层根源，就是我们无法接纳现实痛苦产生的恐惧，而这份恐惧则是源于我们缺失的安全感。

3

孩子是如何学会欺骗自己的?

人生来就是一个有知觉、有情感的生物。不过，婴儿要充分地感知自己的身体，却需要一些帮助才能实现，而爱的抚触就是一种有效的方式。抚触是一种非常重要的育儿行为，是所有哺乳动物母亲都可以做到的本能。英国伟大的精神分析学家唐纳德·温尼科特（Donald Winncott）提出了“足够优越”的出生环境这一概念。意思是，如果你有幸出生于这种环境中，就会有人经常把你从床上抱起来，搂在怀中，温柔抚摸，轻拍着你的脊背，给你一个拥抱。温尼科特解释称，这种拥抱能让婴儿的大脑感觉到自在舒适，从而产生充分的安全感。

在婴儿出生后，也就是所谓的“第四妊娠期”，母亲和婴儿实际上是一体的。通过肌肤接触，母亲可以完美地维持婴儿的体温。这是一个生物学上的奇迹，我的前任督导师格雷厄姆·缪斯克将其称为一个“两人的自我平衡系统”。这种深刻的具象化肌肤接触，能够帮助人类成长。焦虑的婴儿，如果在出生后第一年里经常被抱起来安抚，那么之后他们会比其他婴儿哭的次数更少。接受抚触按摩的早产儿，会比留在保温箱里的早产儿生长得更快。在倡导积极抚触环境中出生的婴儿，成年后出现暴力事件的可能性也更低。而且，抚触的疗效是双向的：婴儿和父母间的接触也可以降低父母体内的皮质醇（应激激素）含量。

但是，当这种抚触的原始需求极度得不到满足时，会发生什么呢？20世纪80年代，罗马尼亚的生育率开始升高，孩子多到养活不了，很多家庭不得不抛弃一些孩子。据数据统计，罗马尼亚当时大约有6.5万名儿童生活在孤儿院中，而他们中的大部分都是在出生一个月后就被遗弃了，有些婴儿在一天中有长达20小时的时间都无人照看。后来，人们对这些已经长大成人的孤儿进行了广泛的研究，结果发现他们很难进行眼神交流，总是沉默寡言，也不会微笑。他们与其他人进行语言和肢体交流的能力被冻结了。

即便幼儿时期享受过最充分的肌肤接触，有充足的安全感，仍然有很多因素会使我们开始学会“欺骗自己”。

小时候的你或许受过这样的教育：吃饭睡觉必须按照社会规则来进行，而不是看自己的需要。不管饿不饿，到饭点必须坐在餐桌旁，勉强吃光自己所有的晚餐，如果没到饭点说饿了，父母很可能会说：“你现在怎么会饿！”不管困不困，都要在固定时间上床睡觉。在学校里，老师会要求你端正坐好，得到准许才能去卫生间。这些经历都让我们慢慢学会了不去相信自己的感觉，把自己的需求放在第二位。

我们越来越听命于外部的人为指令，而不是听从自己的身体或感觉。我们宁愿相信食物的保质期，也不去相信自己的鼻子。我们相信睡眠软件，也不愿意相信自己的感觉。我们就像美版《办公室》中史蒂夫·卡瑞尔（Steve Carell）扮演的角色一样，无视路标，完全听从卫星导航来开车，结果直接把车开到了湖里。而曾经的我，只要脑袋里装满书本，就能脱离现实，沉浸在书本之中。

我们与自己的真实感受脱节，我们与生命最接近的自然脱节。小时候，大人告诉我们不许把自己弄脏，不许沾上泥巴或者搞得一团糟。到后来，我们也会阻止自己的孩子光着脚在外面奔跑，而我们的感知和体验其实非常需要与最本真的一些物质产生联结。记者理查德·洛夫（Richard Louv）创造出“大自然缺失症”这个术语，用来描述我们与自然世界日益疏远的现象。这些症状包括注意力障碍、情绪低落和抑郁。在城市中，自闭症也变得更加常见，而这些都只是因为我们与真正的自我渐行渐远，我们变得越来越没有安全感。

4

无处可逃的逃避手段

佩里是一个勇敢、风趣、热情的 16 岁男孩。他来我这里是因为一直患有严重的恐慌症，还曾在学校里晕倒过。另外，他的父母担心他有厌食症，因为过去一年里，他一直在限制自己的热量摄入，而且体重下降了很多。

第一次交谈时，佩里猛吐一口气，然后飞快地告诉我，他最好的朋友在一年前的一场车祸中身亡了，当时他也在那辆车上。从那以后，他就出现了创伤反应，感觉这个世界都不安全，开始怀疑自己的真实性。

第一次治疗结束后，佩里不再提起那场事故。事实上，他也没法再提起那件事。因为只要一聊到他最好的朋友去世这个话题，佩里就会停止说话，呆呆地注视着前方。我知道他不是故意摆出这副样子，他的整个系统都停止了运转，仿佛有人按下紧急关闭按钮，让他无法再与外界进行沟通。

在心理学上，这是一种解离现象。人类有一套内在系统，可以把我们从身体的痛苦感受和世界的惨痛现实中分离出来。在身体无法逃离的情况下，这是一种自我保护的心理防御机制，有时它也被称为“无处可逃的逃避手段”。正因为有这种防御机制，在面对虐待、忽视或创伤的极端情况，比如成为罗马尼亚孤儿或目睹至交好友死于车祸，孩子才能得以存活。

解离是冻结反应的一种形式，也是许多动物的一种进化生存机制。大卫·爱登堡（David Attenborough）解说的纪录片《地球脉动》系列中有这样一幕：一只小鬣蜥刚刚在加拉帕戈斯群岛的费尔南迪纳岛上孵化出来，却发现自己被一群想把它当早餐吃掉的蛇给团团围住。经过一场激烈的追逐大戏后，在某一瞬间，走投无路的小鬣蜥开始装死，这就是冻结反应在发挥作用。

在最极端的情况下，解离会导致人出现人格分裂。你可以从绿巨人浩克、杰基尔博士和海德先生、电影《搏击俱乐部》中的叙述者这些角色身上找到人格分裂的影子。在日常生活中，这种解离现象也很常见。像车灯下的兔子一样，被吓得浑身僵直的经历；曾因为看到有人被欺负，吓得一声不吭；在会议上被人呵斥，但注意力却像蜗牛缩回壳里一样集中在自己身上，导致喉咙发紧，无法做出回应。当我们的思想过度活跃时，我们也会出现解离现象。根据温尼科特的理论，过度思考是人在感觉失控时进行自控的一种方式。

在纪录片《地球脉动》有关加拉帕戈斯群岛的片段中，你会看到，一旦有蛇经过，鬣蜥就会立起身来，迅速摆脱危险，逃到安全区域。这是身体自然疗愈创伤的方式。鬣蜥不需要心理治疗师，但当人类生活在与现实脱离的世界中，想要以这种自然的具象化方式把自己从创伤中解救出来，却非常困难。

对佩里来说，虽然最初的创伤早已过去，但哪怕是最细微的触动，譬如一个词、一种气味、一种声音，都可能激发他的冻结反应。除此之外，每当出现解离症状时，他都会因为自己不够坚强、没有“克服难关”而痛恨自己。这种自我批评和愧疚感的循环，会像最初的创伤一样，对我们产生深刻影响，即一件痛苦的事最后会变成一个根深蒂固的心理健康问题。这就是人类悲剧性的一面，因为我们无法像鬣蜥一样自然地摆脱这一切，只能通过别的方式来逃避。

最后，我告诉了佩里冻结反应的原理，并跟他说这是非常正常的反应。我帮助他带着关爱的心态去面对自己，去面对因为身体创伤反应而陷入的愧疚和自我批评的循环。我还引导佩里找到了瑜伽、街舞等多种身体锻炼方式，从而慢慢帮他感受真实的自我。一旦疏散了心头的重重愧疚，佩里就可以走出创伤记忆，逐步摆脱它的控制。凭借着巨大的勇气和对自己的关爱，佩里“解冻”了他的创伤反应，而他也再次学会如何获得安全感。

5

创伤模式，最终成为自我保护的方式

如今，对于创伤的讨论已是铺天盖地。在大街上被人大喊大叫、差一点错过会议或者剪了一个糟糕的发型这样的日常小事都有可能被说成“会带来精神创伤”，遭受创伤似乎成了一种流行。

然而，正如心理学家露西·福克斯（Lucy Foulkes）所说：“‘创伤’一词最初仅用于描述战争、酷刑、恐怖袭击等事件。如果我们把所有的压力事件都称为创伤，把所有因此带来的痛苦都称为创伤后应激障碍，那么对那些在恐怖袭击中失去肢体的人们，我们又该如何描述呢？”所以，我们需要把创伤和日常逆境做一个区分。

创伤可以理解为一段远远超出我们身体和思想应对能力的、令人倍感压力的经历。但是否感到压力，是否有创伤后的反应却是因人而异。即使是我们以为的创伤事件，比如战争或暴力袭击，对许多人来说也许只是一次逆境，不一定会引发创伤症状。事实上，大多数人一生中至少会经历一次暴力或危及生命的情况，而大部分人都能在没有任何专业干预的情况下从这些经历中恢复过来。

那么，是什么把逆境变成了创伤？其中一个关键因素是孤独。正如创伤专家彼得·福纳吉（Peter Fonagy）所说："当一个人感觉孤独时，逆境就会造成精神创伤。"人类生来就不适合去独自承受任何创伤。数千年来，在许多不同的文化中，人们都会利用集体仪式来指引自己度过各种创伤。比如复活节和犹太逾越节，这两个节日都是以不同的方式纪念我们祖先所经历的苦难。不过，随着小猪佩奇复活节彩蛋和巧克力无酵饼的出现，这些仪式的力量在一点点流失。

除了生活中出现的创伤外，还有一种遗传性的创伤，它是指祖先把他们的创伤传递给我们的这种现象。研究表明，创伤性的经历，比如大屠杀、饥荒、奴役、战争或遭受虐待这样的创伤，可以通过遗传变异，至少传递三代人。

然而，遗传性的创伤并不能决定我们的命运，因为我们生来就具备一种独特的心理适应性。它记录在我们的 DNA 里，是从祖先的经历中进化而来，并通过记忆保留下来。所以，我们要做的是去寻找更好的方式去唤醒这些记忆。就像《狮子王》中的山魈拉飞奇所说："是的没错，过去是很痛苦，但在我看来，你要么逃避它，要么就向它学习。"

· 找时间研究一下你的家族历史。这可以揭示你和你的孩子身上存在的某些看似难以理解的情感、心理或行为模式。往上数三代，你的家庭遭遇过哪些重大事件或创伤？这里既包括个人事件，也包括集体事件。例如，你的祖父母和曾祖父母经历过“一战”或“二战”吗？他们在战争中扮演了什么角色？

·你能从自己或孩子身上找到任何遗传性创伤的症状吗？记住，这其中包含了许多优势和智慧。

·寻找一种方式来倾听和纪念这些祖先的记忆。在迪士尼电影《寻梦环游记》中，主角米格一家就是用一个漂亮的祭坛来纪念他们的祖先的。电影里有一个设定，只要有祖先的照片，就能把他们召唤到一个特别的地方。如果你能接受这种设定，你可以在想象中问一问你的祖先，看他们需要你做什么来治愈这个创伤。通常，这些遗传性的创伤需要的是你的关爱和宽恕。

另一种创伤是继发性创伤，又称替代性创伤，是指我们因为目睹别人的苦难而出现类似创伤症状的现象。比如，你坐在安静的办公室里，正听着轻柔的钢琴曲，心情惬意又放松。就在这时，一则悲惨的新闻出现在你的眼前，它来自一个你可能永远不会去的国家，发生在一群你可能永远不会遇到的人身上，但你的神经系统却因此受到了冲击。而最近的一项神经科学研究表明，有些儿童仅仅因为观看了灾难相关的新闻报道，即使这些灾难不是发生在他们身边，也特别容易患上创伤后应激障碍。

8岁的格蕾塔·通贝里（Greta Thunberg），在第一次看到了气候变化的纪录片后，胆战心惊，说不了话，吃不下饭。后来，她被诊断患上了选择性缄默症（Selective Mutism，简称SM）。当然，我们大多数人在面对坏消息时不会有如此强烈的反应。但是，如果我们的神经系统持续不断地受到可怕事件的刺激，就会形成创伤。

不过，我们背负的创伤模式终将成为身体自我保护的一种方式，也会成为我们性格的一部分，被我们逐渐喜欢并接受。我的同事克雷格·查奎斯特（Craig Chalquist）是一名心理治疗师，他对生态学有着特殊的兴趣。最近他对我说："树木在严重受伤后，不会让伤口完全愈合，而是会保留伤疤，作为永久的提醒，使伤疤成为它不断生长的结构的一部分。"

你并不是残缺的，你是美丽而完整的。你的身体非常有智慧，相信它。

一些获得安全感的物理办法

如果你感觉自己经常体会不到自己的真实感受，或者发生冻结反应，那么下面这些方法可以帮你重新获得安全感。倘若你能在一个感觉安全、可靠、踏实的环境中练习，你的收获会更大。我接触的许多客户都表示在自然环境中会感觉更加踏实，还有一些客户则喜欢拿着或闻着一些物件来获得安全感，比如一个玩具、一条毯子、一件旧毛衣、一块水晶、一种精油等等。

注意：不同的技巧有许多，每个人的情况也各不相同，找到适合你的技巧即可。

1. 对你的冻结反应友好一点。假设你停止运转、发生冻结反应的部分是一个人物或者一个符号，它会是什么样子的？如果你愿意，可以把它画下来。试着用非惯用手去画，这样可以帮助你与身体的记忆建立联结。问问它：你在保护我免受什么伤害呢？通常，这里的伤害来源可能是会在某一刻把你击垮的一段记忆或一种情感。想办法接受这部分的你。感谢它一直以来对你的保护。

2. 478 呼吸法。用鼻子吸气 4 秒钟，屏住呼吸 7 秒钟，用嘴巴呼气 8 秒钟。然后重复这个过程。至少四个循环以后，你就能体会到这个练习的好处。这个呼吸技巧可以激活副交感神经系统。每当我们感觉安全时，副交感神经系统就会开始工作。

3. 摇一摇，动一动。因为解离属于冻结反应，你只需动一动身体的任意部位，就能摆脱这种状态。你可以用手指在身体的不同部位轻轻敲击鼓点节奏，或者动一动你的脚趾。越来越多的研究表明，瑜伽也有助于疗愈创伤。而且与其他人一起活动效果会更好：建立社交联结是其中的关键。让身体舞动摇摆起来确实大有裨益。如果你愿意尝试，还可以找一找五韵禅舞或者运动医学课程，这些运动课程可以帮助你疗愈身体创伤。

6
回归自我

21 岁时，我喜欢上了一座图书馆。那是坐落在亚伯大学校园里的威尔士国家图书馆。这座图书馆拥有上百年的历史，其主体由白色波特兰石建成，周围环绕着郁郁葱葱的花园。站在这里向远方眺望，可以欣赏到卡迪根湾一望无际的美景。整座图书馆的藏书多达数百万册，凡是你能想到的书，几乎都能在这里找到。对像我这样的书虫来说，这里简直就是梦中情“馆”。每当我埋头于书本时，总能找到一种远离尘世的安全感，获得内心的宁静与慰藉。在这个既神圣又寂静的空间里，我度过了一段漫长而快乐的时光。我会去探索那些艰深晦涩的书籍和思想，并把它们融入自己的思考和写作当中。直到某一天，我猛然惊醒。

那是一个傍晚，我正沿着海滨散步，周围是一天当中最美的夕阳景色。停下来的时候，我忽然意识到在刚刚过去的十多分钟里，自己没注意到身边的任何东西。我完全沉浸在自己的思绪当中，和我的感觉以及周边世界失去了联系。这个发现让我大为震惊。恐惧如潮水般涌来，我仿佛经历了一次惊恐发作，整个神经系统因为一个问题而感到如灼烧般的煎熬。这个问题就是：哪个是真正的自我？

动物都是率性而自然的。狗狗不需要上瑜伽课，猴子不需要去拥抱研讨会，猪不需要学习如何脚踏实地，它们的一切行为都来源于身体本能，而人类则不一样。我们的大脑会与身体分离，会思考，会提出问题，会塑造出不一样的自我。

哈佛大学的一项研究显示，我们清醒时有将近一半的时间都处在“自动驾驶模式”。人的大脑，通常都不是在思考手头上正在做的事情，而是在思考其他事情。在某种程度上，这种分离是正常的。我们做白日梦时，或者每晚我们入睡之后，这种情况都会发生。但问题来了，当我们过度思考脱离自我时，就会产生痛苦的感觉，这是为什么？

或许你还记得，与周围世界紧密相连时，身体的轻松惬意，还记得微凉的青草吻过脚心时的柔软细腻，还记得凝视着落日余晖美景时的惊讶感动，还记得收到一个爱的拥抱时肩膀下沉的松快自在。这些时刻之所以美妙，是因为我们真切感受到了身体。而当我们离开身体时，就会感觉与现实失去了联系，盘桓在脑海中的故事变得惊心可怖，痛苦的感觉随之而来。

自从海滨散步发生惊恐之后，连续几周我都感到焦虑不安。有一天早上，我想起了学过的冥想练习。于是，我试着集中注意力向内探索，轻柔而坚定地放下想要描述正在发生之事的想法，去感受身体的各种觉知。顷刻之间，我感觉自己更加安稳踏实，更加贴近现实，也更加清醒理智。从那之后，每当感到不知所措或与现实脱节时，我都会把注意力拉回到自己的身体，让想太多的大脑尽量对身体保持诚实。

做到身心合一确实非常困难，不过它也十分重要。如果我们希望孩子们能身心合一，那我们就要去关注导致自己身心分离的根源。就像荣格所说，假如我们未能栖息在自己的身体里，我们最终会活得像“一朵压在书页里的花，只是徒留一段自己的记忆罢了”。

因此，请给予自己的身体更多的关爱。花一点时间去赞美你的身体。看看你的手指，端详一下每只手上的每一根指头。动动它们，弯曲一下，伸展一下。你的手指多么令人惊叹啊！有了它们，你可以抚摸、可以打字、可以跳舞、可以缝补、可以写字、可以挖鼻孔、可以画画、可以弹奏，还可以挠痒痒。

现在，把你的手放到有时令你感觉不喜欢或不自信的身体部位，温柔地抚摸它。

现在，看看你身体里是否有一股渴望喷涌而出的能量。受到这股能量影响的你有时会盼望乘船远航，驶向一个神奇的岛屿，去那里做国王或女王。请你带着爱意去抚摸那个能感受到这股能量的身体部位。像我就经常感觉到这股能量困在我的大脑中。你要去触摸这股能量，带着强烈的爱意去抚摸它。让这种触摸提醒你，栖息在一个有血有肉、多情善感的身体里是何等艰难，尤其是这具身体还有如此之多的局限性，它所生存的这个世界还有如此之多难以理解的苦难。也许在你思考这个问题时，你也会和我一样，在内心感受到一种既温暖又伤感的微妙情绪。

现在，把手指轻轻放到胸膛中央的心口处。让这个触摸唤醒一段早已被你遗忘的记忆：这颗心、这具身体就是你的家园。

虽然我们渴望逃离身体的根源很深远，但我们必须记住，我们的身体，以及它所有的局限性，就是我们的家园。你的职责就是让这个家园保护你和孩子的安全。

第五章

疗愈方法二：接纳自身的局限性

你的孩子其实不需要你多么完美，

他们只需要你的信任。

——电影《小飞象》中的角色柯蕾特 · 马尔尚

1

关于羞耻感

鼻屎、放屁、打嗝、嘘嘘、拉臭臭、屁股……

小时候，孩子似乎天生就对与身体相关的事情很感兴趣。他们很喜欢去探索身体，去了解那些长在身体里、身体表面以及从身体里出来的东西。听到关于“放屁”或“拉臭臭”的笑话时，他们会非常开心。但长大后，孩子忽然之间就产生了羞耻感，开始不喜欢自己的某些身体部位，想要去遮盖甚至彻底改变它们。

据数据显示：

· 24% 的儿童保育专家发现 3 ～ 5 岁的儿童存在身体自信问题。在 6 ～ 10 岁的儿童中，这个数字几乎翻了一倍。

· 42% 的女孩进入四年级时会希望自己能更苗条一点。

· 英国儿童保育和早期教育专业协会顾问兼儿童发展专家杰奎琳·哈丁（Jacqueline Harding）博士认为：“到了三四岁，

有一些儿童已经开始对身体应该是什么样子有了自己的想法（甚至持有强烈的观点）。也有研究证据显示，一些4岁的儿童已经知道如何进行减肥。”

· 对于青少年来说，驱使他们改变身体的动力变得越来越强烈：2020年，英国18岁以下人群接受肉毒杆菌注射、丰唇等美容手术的案例达到4.1万次。人们把青少年对“外貌微调”的推崇归咎于《与卡戴珊一家同行》和《爱情岛》这类电视节目。

· 2019年美国的一项研究发现，18～24岁的男性中有22%的人有“肌肉上瘾症”，他们都迫切地想要获得更大块的肌肉。

我们可能以为驱使孩子改变身材的动力是虚荣心，但事实并非如此。对自己身体的感觉就是对自我的感觉，孩子对身体的厌恶就是对自我的厌恶，而这种厌恶感则是由毒性羞耻感生成的。

在某种程度上，羞耻感本身并没有任何不妥。人人都有羞耻感。正常程度的羞耻感有助于我们融入集体，产生归属感。人类是社会性动物，需要依靠其他人才能存活。羞耻感是一种深刻的社会性情感——只要没人看见，谁都不会介意去挖鼻孔或者在灌木丛里小便，但因为在意别人的评价，我们才会感到难为情，产生羞耻感。

然而，羞耻感也有程度之分，有轻微的尴尬，也有毒性羞耻感。一个孩子觉得不好意思时，他们会拿东西把自己盖起来，小脸涨得通红，还会把脸遮住，或者紧紧抱住大人的大腿。这些行为都是很正常的羞耻感。而毒性羞耻感则是一种强烈而痛苦的情绪。在这种情绪的作用下，我们会认为自己身上存在着某些本质上很糟糕、有问题或不完整的东西。

想象一下爱玩社交媒体的年轻人的感受，他们每天接触成百上千张照片，其中大部分都是脸蛋和身体。这些照片肯定会让他们觉得自己不够好看。而这种不够好看带来的痛苦会驱使他们渴望拥有一副新躯体，这样他们就能“加入”想象中自己归属的部落。依照最新的流行趋势，他们或许会觉得自己应该更年轻一点，皮肤更光滑一点，肌肉更多一点，身材更玲珑有致一点，身形更纤瘦一点，嘴唇更丰满一点，胸部更大一点，屁股更翘一点。所有这些他们对身体的幻想，如今都可以实现，因为有了节食减肥、类固醇摄入、运动管理、整形手术等各种各样需求庞大的市场。

远古时代，羞耻感曾经是一种让我们感觉安全的情绪，而且也只有部落中少数人批判性的眼光会让我们产生羞耻感。但是现在，我们面对的是全世界人们的批判性眼光。我们的孩子认为自己需要扭曲身体和自我，去适应那件不断变形的“紧身衣”。这让他们感觉精疲力竭，心理健康也受到了伤害。健康的羞耻感就这样变成了毒性羞耻感。

如今，我们的孩子有无数的机会去比较他们的个体自我和大众的公共自我。在这样一个世界中，毒性羞耻感也在逐渐正常化。原本孩子们可以栖息在自己神奇的身体里，并且享受这种状态，可毒性羞耻感却把孩子们从那个美好的世界中拽了出来。

我看到越来越多的孩子出现与身体有关的心理问题，这既令人遗憾，又在意料之中。一个 9 岁的女孩痴迷于运动健身。一个 11 岁的男孩把自己的皮肤抠到流血。一个 13 岁的女孩只在社交媒体上分享自己加过滤镜的照片，因为她讨厌自己的身体，对于现实生活中被人看到这件事产生了严重的社交焦虑。

在我们感觉内部世界和外部世界皆失去掌控的情况下，我们的身体是我们能够重新建立控制感的地方。这就是为什么我们现在看到那么多年轻人选择自残的原因之一。自残能让年轻人体会到一种控制感，可以让他们感觉到自己的痛苦是真实的。

毒性羞耻感是一种无形的痛苦，迫使我们去隐藏身体某些部位和自我，卡尔·荣格把这种羞耻感描述为一种“吞噬灵魂的情绪”。也许我们还是会脸红，但却不再想让人看到。我们害怕别人议论自己的羞耻感，觉得有羞耻感是一种弱点。我们会因为自己的羞耻感而感到羞耻，会对自我产生厌恶，想要去掩饰自己的正常羞耻感。

那么，有什么办法能帮助孩子摆脱自我厌恶的羞耻感呢？

答案就是接纳。

藏在隆起的肱二头肌和丰满的嘴唇里的，是一份对被接纳的热切渴望。我们要帮助孩子体会到被接纳的感觉，帮助他们认识到自己的羞耻感是人类情感中正常的一部分。我们可以教给他们有关羞耻感的知识，它是如何出现在我们的身体里的，又是如何让我们想要融入集体的。有了这种接纳和关爱的意识，他们才不会被羞耻感驱使，不会极力去遮盖或彻底改变自己的某些身体部位，才更有能力去爱自己。

那么我们应该从哪里开始着手帮助孩子呢？和往常一样，一切都要从我们自身开始。如果我想帮助我女儿获得安全感，我需要先帮她在自己身体中获得安全感，让她记住自己的身体就是自己的家园。

让温柔的身体爱它所爱

玛丽·奥利弗（Mary Oliver）写过一首优美的诗歌《野鹅》，其中写道：

你不必善良。
不必跪行一百英里，穿过荒凉的忏悔。
你只要让你温柔的身体，
爱它所爱。

回忆一下，在生活中的哪些领域或哪个时间段，你曾经阻止自己或孩子的身体去爱他们所爱呢？你能想象让自己的身体享受多一点点放纵的感觉吗？今晚、明天或者下周，你能让自己和孩子享受到哪些简单的快乐呢？或许你们可以宅在家里度过超级慵懒的一天，多花点时间洗个澡或泡泡澡，像小狗和小猫那样好好伸个大懒腰（不是那种僵硬的瑜伽动作）。试试吧，没准儿你会喜欢这个安排！

2

如何让孩子学会接纳自己

人的身体非常神奇。这里的神奇不是指有六块腹肌或“大腿缝”，而是指经过数百万年的进化和数十亿次微小的实验，身体已经拥有了一种完美的智慧。只要你愿意倾听，身体智慧就会像一个1天24小时贴身服务的治疗师或导师，持续不断地向你传递信息。闻到牛奶的味道时，这个导师会对你说：“不要喝，它会让你生病的。”你甚至不需要看生产日期，就知道这个牛奶能不能喝。湿疹复发或持续胃痛时，你的身体可能告诉你，你现在压力很大。正如著名创伤治疗师巴塞尔·范德考克（Bessel Van Der Kolk）所说：“你的身体知道所有真相。”

但很多时候，我们却会去控制自己的身体。感觉疲惫或生病时，我们不是休息，而是选择咬牙坚持。孩子精力旺盛，上课好动坐不住时，我们可能会给他们吃药，让他们控制住身体，集中注意力。慢慢地，我们和孩子都变得不相信自己的身体智慧，变得不接纳、不相信自己。

因此，为了让孩子接纳自己、相信自己，我们要引导他们学会关爱自己，关爱自己的身体。

下面，我根据孩子的发育阶段，给出了一个粗略的指南。你可以结合孩子的具体情况，跳到相关部分进行浏览。

学前阶段

当孩子开始对自己的身体，特别是生殖器官感到好奇时，我们不能因此让他们感觉羞耻，这一点非常重要。在某一时刻，孩子会自然而然地开始探索这些部位。探索什么感觉好、什么感觉不好是人的天生本能，这很正常也很健康，一点都不“肮脏”。如果对孩子说触摸自己的行为很“肮脏”，就可能让他们产生羞耻感、厌恶感和持续一生的性障碍。我们要对他们说清楚的是，不可以在公共场合玩弄自己的生殖器官。我们还要告诉他们，嘴巴、胸部、生殖器官和屁股这些身体隐私部位，没有自己的允许，任何人都不准看，也不准摸。

上学阶段

孩子们上学后，会产生融入集体的压力，而且这种压力比以往任何时候都要大。他们会开始拿自己的身体和其他人的身体做比较。在这一阶段，我们需要帮助他们重新接纳自己的身体，并且把这个状态保持下去。

如果孩子开始讨厌某个身体部位，你不要一味地对他们说这个部位有多么漂亮。你可以想想自己是怎样看待自己的身体的，你有没有不喜欢的身体部位呢？孩子从你的肢体语言和行为中学到的东西要比从你的话语中学到的多很多。在他们眼中，你会享受美食、爱自己的身体吗？还是说，你讨厌自己的身体，不断地控制饮食、控制身材呢？

当孩子发现，不只他们会讨厌自己的某些身体部位，你也会时，他们的羞耻感就会少一点。你可以根据孩子的年龄，设计一些可以一起互动的亲子游戏，通过玩游戏来培养他们欣赏自己身体的能力。

• 第一阶段，看看你们是否都能找到自己欣赏的身体部位。它可以是像耳朵、眉毛或脚趾这样的小部位。你们会不会都很好奇，这个身体部位到底为什么存在呢？以眉毛为例，它的进化有助于阻挡雨水和汗水流进我们的眼睛里，还可以帮助我们交流感情。多么神奇的眉毛啊！

• 第二阶段，你们可以找一找自己心目中处于中间位置的身体部位，就是那些你们既不喜欢也不讨厌的部位。你们可以只对这些部位表示一下感谢，感谢它们的存在和发挥的作用。

• 在最后一个阶段，你们都找一找自己不喜欢的身体部位。想一想，对于不喜欢的身体部位，你们内心的声音是怎么说的？大脑预测你们会因此收到怎样的评价或奚落？把这些评价写下来，或者把内心的批评画下来。这样做可以阻止那些评价对你们产生过多影响。

• 最后，你们能找到一种方法来向不喜欢的身体部位表达感激甚至喜爱之情吗？或许，读一读心灵导师拉姆·达斯（Ram Dass）这段有关树的文字，可以让你和你的孩子开始欣赏那些不喜欢的身体部位：

“当你走进森林里时，放眼望去全是树，各种各样不同的树。有些树是弯的，有些树是直的，有些树四季常青，有些树是其他样子。当你看着一棵树时，内心就会接受它的样子。你知道它为什么会变成这样。你知道是因为它没有获得充足的阳光，所以才长成了这样。所以，你不会因此而情绪化，只是会单纯地接受这件事。你欣赏这棵树。”

孩子开始接触社交媒体阶段

当孩子开始使用社交媒体时（希望十几岁之前他们都不要用社交媒体），有关身体的羞耻感就会被放大。在我写下这段内容时，一名来自脸书的检举者刚刚披露了一项内部研究。该研究显示，有三分之一的少女因为玩 ins 导致健康问题变得更加严重。

作为父母，我们的职责就是帮助孩子偶尔切断与网络世界的联系，设定一些界限，找到重回身体的办法。

我们可以尽量给孩子一个没有旁人非议的安全空间，让他们可以自由地谈论自己和身体的关系，谈论社交媒体可能会如何影响这种关系。你可以用一些简单的问题，温柔地引导孩子回到自己的身体里。例如："当你这样做时，注意到自己身体里有什么样的感觉呢？"或者"此时此刻，你的身体在对你说些什么？"

3

鼓起勇气的埃里卡

“我花了三年时间才有勇气写下这封邮件……”

这是埃里卡发给我的第一封邮件的开头。那时，她刚从那不勒斯搬来伦敦上大学。直到收到邮件的六个月之后，我才和她见了面。这期间，她先是给我发邮件安排见面时间，然后就没有了消息。于是，我再回邮件跟进见面安排。几周后，她又发来邮件为自己的无礼行为道歉，然后询问：“我们可以重新约时间吗？”通常，如此几个来回过后，我就会放弃这名客户。但是，埃里卡第一封邮件开头的那句话让我无法对她关上心门。

当埃里卡终于来我这里接受第一次治疗时，她迟到了一分钟，站在那里慌里慌张地一个劲儿道歉：“太抱歉了，我来晚了。太抱歉了，我来晚了。”我告诉她没关系，我很高兴她终于来了。她走进房间，坐在了沙发边缘。她坐得很靠前，感觉再往前一点，就要掉下来了。她的样子，仿佛是做好了要随时逃离这里的准备。在这次治疗的大部分时间里，她不是盯着地板，就是盯着自己的手。她那浓密的深棕色头发遮住了大半张脸。我感觉自己像是她的镜像，也坐在了椅子的边缘，扭转着身体，没有与她直接正面相对。

埃里卡给我讲了一点她的生活背景。她是在距离那不勒斯大约 1 小时车程的一个小渔村里长大的。7 岁时，她的父母就分开了，父亲搬到了罗马，母亲带着她和姐姐一起生活。

在第一次治疗中，我们的谈话大多都围绕着一些安全话题展开。一直到会面快结束时，她才对我说："有一件事情，我从来没有对任何人说起过，但我不知道能不能告诉你。"我安慰埃里卡，不要着急。我也是真心觉得并不着急。

后来，足足花了 10 次治疗的时间，埃里卡才建立起足够的安全感，把那件事情告诉了我。原来，她 17 岁时曾被同村的一个男人侵犯过。在给我讲述这个故事时，她的身体蜷缩成一团，内心既想要遮掩自己的耻辱，又想让人看到自己的委屈，口中吐出的每一个字都体现了她在这两种心态间的剧烈挣扎。我不断地安慰着她，让她慢慢来。她告诉我，那是一个冬日的夜晚，她出门去当地商店买些杂货。在回来的路上，一个手持尖刀的男人突然跳到她面前，把她拖到海滩上一个黑暗僻静的地方，侵犯了她。没有人听到她的尖叫声。那天晚上以及那晚过后，那个男人都警告她，如果她向任何人说出此事，他就会找到她并且杀死她。

接下来的数月里，埃里卡的心头一直郁积着这个黑暗的秘密，而她的身体则开始进行反抗。她常常会因为创伤性的噩梦在半夜惊醒，然后狂吃甜食，直到胃撑到要爆炸才停下。后来，她会故意折腾自己，让自己生病。如果在穿衣服时无意中看到镜子里自己赤裸的身体，她就会把指甲抠进皮肤里，直至流血才罢休。最后，她得了胃病，还患上了溃疡性结肠炎。埃里卡生的病就像是她的羞耻正在自己体内转移。

因为她的很多症状都与身体有关，我决定把重点放在她的身体上。在每次治疗中，我都会温和地鼓励她，让她看看是否有哪个身体部位可以想办法去接受。一开始，我们寻找的是处于“中间位置”的身体部位的感觉，比如她双脚踩在地面上的感觉。而其他身体部位的感觉，尤其是性方面的感觉，对她而言都有太多恐惧、耻辱和憎恶，令她无法忍受。在这个过程中，我们围绕她的身体创造了一个爱的觉知领域，以便使毒性羞耻感得以消除。这项工作就像是一次深度驱魔。这个过程对埃里卡来说，其实很痛苦。但随着埃里卡逐渐减轻身体里的羞耻感，她的暴食症也开始消退。

在我们共同努力了几个月后，埃里卡在大学里遇到了一个男孩。慢慢地，她发现自己能够让身体感觉到安全，也可以与另一个关心着她的人进行肌肤接触。不久之后，我们的治疗就结束了。

当然，我们不希望任何一个人有像埃里卡一样的遭遇。但是，我们的内心依然会以各种方式出现毒性羞耻感。因此，我们需要帮助孩子去减轻羞耻感，进一步接纳自己的身体，这样他们才会接纳自我。

接纳自我的冥想练习

下面这个冥想练习，可以帮助你和孩子感知自己的身体，尤其是一些难以感知的身体部位，并在其中创造爱的觉知。

就从当下这个状态开始冥想，这是化解羞耻感的关键。如果你带着什么应该发生、什么不应该发生的评价而来，那你已经带来了羞耻感。所以，在冥想一开始，先注意一下此刻你脑袋里在想些什么。你的脑海中是思绪万千，还是平静无波，抑或处于二者之间？无论你注意到什么，都让它保持原样。放下任何想要修复问题或评价的念头，也放下认为你的部分经历不应该出现的想法。

现在，带着相同的关爱进入你的身体。此时此刻，你的身体有什么感觉？还是和先前一样，无论你注意到什么感觉，都让它保持原样。

现在，看看你身体里有哪些地方感到紧张或者有压力。想象一下，出现这种感觉的身体部位是一只受惊的小动物，而你则是大卫·爱登堡，正在安静地观察这只动物，而不是把它吓跑。你身体里的这股能量是什么感觉呢？我在做这个练习时，注意到的是心脏在胸腔里跳动的感觉，而且喉咙有种轻微的收缩感，胃部也有轻微的恶心感。把一只手放到胸口，另一只手放到肚子上，让这些感觉知道，它们可以停留在那里。

无论你身体里存在着怎样的感觉，你都可以利用爱的抚触，即属于你自己的肌肤接触，去欢迎它们。你可以利用呼

吸，让身体感到紧张或害怕的部位得到吐纳喘息。与此同时，你可以试着说出这句话：“我的身体是我的家园。”注意一下，当你吸气时，这种能量是什么样的感觉。在你身体里寻找一个像家一样的地方可能会对你有所帮助。这个地方可以是从头到脚的任何身体部位。我的身体就是我的家园。

4

找回自我：走进自然

有一天，从幼儿园回来后，我和罗丝在树林里散了一会儿步。那天我的压力非常大，已经在电脑屏幕前坐了几个小时，一个接一个地处理各种任务，满脑子都是工作上的问题。当时的我完全没有心情陪罗丝玩耍。如果你也为人父母，我相信你一定也有过类似的经历，会因为脑海中的任务清单而忽略了自己的孩子。

罗丝从地上捡了一些树枝，然后问我："你能陪我玩树枝吗，爸爸？爸爸，这根是妈妈树枝，这根是爸爸树枝，这根是宝宝树枝。给，你可以当宝宝树枝。"

我努力想陪她一起玩，但注意力总是跑到其他事情上去。工作上的事儿就像烦人的苍蝇一样不断涌入我的脑海。我刚把这些思绪赶走，没多久，它们就又回来了。我知道自己应该全身心地投入和罗丝的游戏当中，投入和她在一起的这一刻。与此刻相比，我所担心的事情和脑海里所想的一切都不重要。

最终，我成功地把那些烦人的苍蝇都赶出了脑海，全身心投入“罗丝树枝一家”的游戏中。游戏过后，罗丝掀开地上的一块树皮，兴高采烈地向我展示着居住在里面的一群勤劳的木虱。她还找到一朵异株蝇子草，凑过脑袋去嗅花香。我建议她轻轻捏住花茎，看看触摸它时自己的身体会有怎样的感觉。她想把这朵花摘下来，我告诉她，我们必须先问一问这朵花愿不愿意被摘下。如果我们感觉这朵花是愿意的，就要向它表示感谢。

一个小时后，当我们离开树林去喝茶时，我发现自己感觉好多了，心情变得更加平静，与自己的身体、大地母亲和罗丝的联系也变得更加紧密。

置身于大自然中时，我们的身体都会感觉更舒服一些。其实这并不是巧合，因为我们的身体不是独立于自然而存在的，它们本身就是自然，而且大自然不会评价我们。人类身体进化到如今这个阶段，需要树木、鸟儿、土壤和蠕虫的陪伴。如果失去了这些东西的陪伴，我们的思想和身体就会进行反抗。

很多研究表明，接触大自然对我们的心理健康非常有益，大自然母亲拥有特殊的影响力。2019 年美国一项研究显示，在公园里散步 20 分钟可以像服用一剂处方兴奋剂药物一样，能有效改善儿童注意缺陷与多动障碍的症状。而且，大自然母亲还有普遍性影响力。2015 年英国一项研究甚至表明，让人们更多地接触大自然，可以提高社会凝聚力，降低犯罪率。在日本和韩国，森林浴就一直被视为一种有益心理和身体健康的治疗方法。待在森林里可以降低人体内应激激素皮质醇的水平、减轻抑郁症状和敌对情绪、降低血压并改善睡眠质量。

那么，我们要在自然中待多长时间才够呢？埃克塞特大学在 2019 年开展了一项面向 2 万人的研究，并得出了一个明确的数字：根据报告显示，每周在自然界中待满 120 分钟或更长时间的人幸福感要高出很多。无论你是去公园还是去森林，也无论你是一次性待够这么长时间还是一周内分多次前去都可以。这个结果也与年龄、民族和职业无关。

对在屏幕前或教室里待了一天的你来说，着陆练习是一个让你重新回归身体和自然的快速简单的办法。这种练习好处很多，其中包括减轻压力和减少炎症。你和孩子可以在花园或公园里进行着陆练习，或者任何能接触土地的地方都可以。你们只需要脱去鞋袜，感受双脚（或身体任何部位的皮肤）接触地面的感觉即可。也许，你的孩子和我女儿一样，早就知道了这个方法，因为他们一进公园，就想脱掉鞋子。他们的身体知道他们需要什么。

虽然花时间接触大自然对孩子的心理健康至关重要，但我们还需要教给孩子们一个更加深刻的真理，它与我们处在大自然中的身体有关，那就是：大自然母亲是有生命的，而且非常睿智，我们需要尊敬她。

在我们的文化中，人们已经习惯性地把自然界视作一个可以为我们所用的对象。树木的存在是为了给我们提供纸张、燃料和廉价的疗愈；动物的存在是为了给我们提供食物或陪伴。我们也在用相同的方式对待自己的身体。然而，在许多土著文化中，人们与自然界的关系却大不相同，他们对植物、树木、动物甚至是矿物王国都怀有深深的敬意。万物有灵，自然及万物都拥有某种本质或精神，会向这个世界提供一份礼物或一段独一无二的故事。例如，因纽特人常常会花时间来感谢他们所捕获动物的灵魂，感谢它们把自己奉献给了人类。而毛利部落的人们在挖红薯时，也总会向红薯之灵表达感激和祝福。

我很喜欢科学家罗宾·沃尔·基默尔（Robin Wall Kimmerer）的作品。在她的《编结茅香》一书中，基默尔通过一种深刻的土著视角来介绍生物学知识。她在书中写道：“这就是我让女儿们学习园艺的真正原因，这样即使我离开很久以后，她们也会一直有一位爱着她们的母亲。”如果我们能帮孩子与大自然母亲建立一种相互尊重的关系，他们就不会感觉那么孤独了。

事实上，我们的孩子是天生的万物有灵论者。他们带着对荒野的热爱和对自然的深深眷恋来到了这个世界，他们有着热爱生命的天性。我们的职责是帮助孩子加深这种与大自然的联系。罗丝在树林里玩耍时，就认为树枝是有生命的。我的职责是向她展示如何带着崇敬和尊重与大自然中的生命建立联系，就像与那株异株蝇子草建立联系一样。

第六章

心理根源三：自恋

我要被崇拜。

——石玫瑰乐队

1

纳西索斯“大获全胜！”

有段时间我在西班牙南部度假。一天傍晚太阳落山时，我沿着海岸线散步，看到沙滩上一些当地的家庭也在游玩。大人们坐在便携式躺椅上喝着酒，吃着薯片，孩子们拿着水桶和铲子在潮湿的沙滩上玩耍。我一边微笑，一边心想：再没有比这更美好的生活了。孩子们在自然中尽情玩耍。每个人都过着简单的生活，远离尘世的纷纷扰扰。

接着，我看到了让我笑得更加灿烂的画面。在我前面有一个 9 岁左右的小女孩，她摇头晃脑，挥舞胳膊，扭动屁股，跳着即兴的舞蹈。我暗想：这是多么令人愉悦的一幕啊，这个小女孩就这样跟随内心的节奏，在沙滩上旁若无人地起舞。待走近一点，我发现小女孩在盯着面前岩石上的什么东西。于是，我又走近了几步，这才看清楚她盯着的东西是什么。可能你已经猜到了：那是一部正在自拍的手机！

在这个时代，把自己最珍贵或最私人的瞬间发布到网上已经成为一种常态，每个人都很自恋，变得有影响力或成为网红就像是悬挂在眼前的一根奇形怪状的黄金胡萝卜一样，驱驶着人们不断向前。

“自恋狂”一词来源于古希腊神话中纳西索斯的故事。纳西索斯是一个长相俊美的男孩，他爱上了自己在水中的倒影，最终被送往冥界。现在，让我们想象一下，纳西索斯获得冥界准许，来到我们今天这个世界参观会发生什么事情。

当看到人们如此频繁地使用他的名字时，纳西索斯一定相当满意。他会发现，自己的名字甚至出现在一个正式的精神病学诊断里——自恋型人格障碍（Narcissistic Personality Disorder，简称 NPD，又名纳西索斯综合征）。他会想：大获全胜！我真是太出名了。他拿起一份报纸，看到上面说英国和美国的自恋型人格障碍发病率正在上升。在美国，20 岁左右人群的发病率几乎是 65 岁以上人群的 3 倍。纳西索斯心想：我真是太受千禧一代的欢迎了。

他买了一根自拍杆，去参观古希腊遗迹，那是他长大的地方。在那里，他给自己拍摄了大量的美照，相当熟练地利用自拍杆寻找着最上镜的角度。随后，他立刻把这些自拍照上传到了 ins 上，并且使用滤镜让自己的胸肌看起来更加健硕。结果不到 10 分钟，他就收获了 10000 个点赞。纳西索斯觉得自己简直如同活在梦中一般。

然而某天早上，一觉醒来的纳西索斯发现自己头发凌乱，有点口臭，鼻子上还长出一个顶端冒白的脓包，感觉整个人特别不好，就像一个破裂的气泡。他又看了看自己上传到 ins

的自拍照，发觉网上那个容光焕发的形象与自己的内心感受并不相符。他的内心涌现出一种深深的孤独感。于是，他决定拉上窗帘，宅在家里，用这一天时间来看看其他人的照片。他们一个个看起来都比他开心，比他漂亮，而且更加健壮也更受欢迎。

最终，纳西索斯决定修复自己的形象。他买了一些化妆品来遮盖脓包，找全科医生开了减压胶囊，还去健身房锻炼胸肌。短时间内，这些努力效果显著。他发布的照片收获了更多的点赞，让他又一次大获全胜。

但是有一天，他终于精疲力竭，支撑不住倒下了。他再也没办法继续维持这种假象。于是，他吞下了一整瓶扑热息痛……

虽然这里的想象有点反乌托邦的意味，但在纳西索斯神话的最初版本中，他的确以自杀结束了生命。

你看，数千年来，人们已经认识到自恋的阴暗面。就像香烟盒上印着“吸烟有害健康”的文字一样，这则神话包含着一条严肃的健康警告：沉迷于自我会严重伤害你和你周围的人。

2

自恋如何影响父母与孩子的相处方式

人们习惯用“自恋狂”或“自恋者”来形容某些只关注自己的人，比如一个自恋的朋友、自己的老板和噩梦般的前任。精神病学家吉莉恩·罗素（Gillian Russell）给自恋下了一个很有用的定义，即自我崇拜，一种否认需要其他人的超然心态。心理学家会用一种量表来测量自恋的程度，这种量表叫作自恋人格量表。其中包括类似这样的陈述：

“我拥有影响他人的天赋。”

“如果让我掌管这个世界，它会变得更加美好。”

“我认为自己是一个特殊的存在。”

“我想在世人眼中有所作为。”

“我可以按照自己喜欢的方式生活。”

“我希望有一天有人能为我著书立传。”

在自恋测试中得分较高的人，往往对未来抱有不切实际的期许，在受到威胁时更容易发火。他们会为自己攫取更多资源，留给别人的资源则很少。而且，与家庭、帮助他人和奉献社会相比，他们更看重金钱、名声和形象。

自恋根据程度高低有一个范围区间。

处在这个区间顶端的是几种最病态的自恋形式，典型代表有电影《美国精神病人》和《超级名模》的主人公。病态的自恋一开始往往是人们掩盖脆弱的面具。对这些人来说，他们童年时期通常经历过重大创伤或困难，很可能会被诊断为自恋型人格障碍。

在自恋区间的中间位置，存在着健康的自恋。这是一种积极的自我意识，也符合大众的利益。如果你有一个 8 岁左右的孩子，你可能已经注意到他有多么争强好胜、自吹自擂。每当他翻了个筋斗、跳出新舞步或者完成一幅 20 片拼图时，他就会强烈要求你的关注。当罗丝骑着踏板车从我们当地游乐场的斜坡滑下去时，她兴奋地把一条腿伸向空中，大声喊道：“看我！快看我！”孩子们往往不会因自己的自恋而感到羞耻。当然，你可以把这种行为叫作炫耀，但这是一种正常且健康的自恋行为。

我们为什么需要这种健康的自恋呢？因为孩子们需要形成一种自我意识，认为自己是有自我意愿的独立个体，可以掌握新技能，并从周围世界赢得自己需要的关注和认可。如果孩子得到了足够的持续性关爱，他们就会逐渐相信自己是一个重要且有价值的人，才更有可能安然度过生活中的挑战。

在自恋区间的另一端，是回应型人格。这个名字来源于回声女神。传说中她没有自己的声音，只能重复纳西索斯说过的话。回应型人格的人在被他人关注时会感到非常难为情。他们很怕表现出自恋的样子，因此会不断自我贬低，直至失去发声的机会。回应者通常会与更自恋的人进行合作。就像戏剧三角中拯救者需要受害者一样，回应者需要自恋狂，自恋狂也需要回应者。

回应者会像自恋狂一样只关注自己。但回应者的情况又所有不同，他们会迷失在自我批评的循环当中。通常，他们身上同样背负着某些创伤。苏格兰伟大的精神病学家 R.D. 莱恩（R D Laing）在其经典著作《分裂的自我》一书中，对回应型人格的心理做出了完美的诠释："在一个险象环生的世界中，成为一个可能随时被看见的物体意味着要不断暴露于危险之中。"

在与不同的孩子和家庭打交道的过程中，我见到了分别处在自恋区间两端的人。其中一端的孩子在努力适应着现实世界，因为他们成长过程中一直期盼全世界围绕他们而转。这种情况下，他们的父母往往就像回声女神一样只会附和他们的想法。而对区间另一端的孩子来说，他们的父母则太过于关注自身成功，未能给予孩子们所需的关爱，导致这些孩子形成了回应型人格。

不论你的家庭成员自我诊断属于哪种人格（我们都喜欢进行自我诊断），请记住，这里没有任何评价，只有关爱。现在，让我们来看看隐藏在这些现象背后的深层根源吧。

3

红点实验

科学家通常会利用一个实验来确定某种生物是否具有自我意识。这个实验叫作红点实验，它最初是由心理学家戈登·盖洛普（Gordon Gallup）于1970年发明的。实验人员首先会先让被测动物进入睡眠状态，然后给它们的前额点上一个没有气味的红点。动物醒来后，实验人员会给它们面前放置一面镜子。如果动物触摸了前额的红点，或者通过任何方式表现出它们知道自己前额有红点，那就证明它们知道在镜子里看到的动物就是自己。通过这项测试的动物包括宽吻海豚、虎鲸、各种品种的猴子、大象、喜鹊、某些鱼类以及人类。

大部分18个月左右的人类婴儿已经可以认出自己的影像。4岁的罗丝在一次和奶奶视频通话时发现，只要点击一下手机上自己的图像，她的画面就会被放大，占据屏幕的大部分位置。之后每次视频，她都很喜欢这个操作。

在这之前，我认为所有孩子天生都是这样的。直到我了解到一项来自喀麦隆班图族农耕群体的研究，其结果显示，他们只有 3% 的婴儿能从镜子中认出自己。这并不意味着这些孩子在智力或心理发育上有缺陷。它只是说明，自我意识，即你能从镜子中认出自己的这种意识，并非如我们之前以为的那样，是一种普遍的儿童成长基准，而是与儿童的成长环境有关。在更加强调自我意识的家庭里，孩子的这种意识会更明显，而在相互依赖环境中成长起来的孩子，则会培养出一种不一样的自我意识，而这种意识更多地是基于与他人之间的关系而存在。

在看到这些研究结果后，我不禁好奇：我们自恋的根源会不会始于婴儿时期？在孩子很小的时候，如果父母不知不觉地给孩子训练出一种特定的放大自我影像的自我意识，长大后孩子会不会形成不健康的自恋？

4

自恋王子与回声女神

还记得研究童年的人类学家大卫·兰西吗？是他让我们认识了那些在土著部落里玩着刀子的孩子们。我和大卫有过一次很棒的交流，那次交流帮助我真正认清了我们可能无意间把健康自恋转变为不健康自恋的一些方式。他告诉我，在其他文化中，父母不会像我们在西方这样去关注自己的孩子。比如，在利比里亚农村，克佩勒族的母亲一天中大多数时间都会背着孩子去劳动或社交，但她们几乎没有时间去关注背上的孩子。相比之下，兰西把现代西方文化称为"幼儿至上"的文化。在这种文化中，我们在孩子身上倾注了太多的时间、精力和资源，这会让家长扮演起回声女神的角色。

我回想起罗丝出生后第一年里的日子。无论我们去哪儿，无论我是推着她在水库周围转悠，还是带着坐在婴儿车里的她步行去森斯伯瑞超市，我都会把大量的注意力放到她身上，和她说话、模仿她的样子、逗她笑。同时罗丝也会回应我，她总是哈哈大笑，发出各种各样的声音，还会向路过的人们挥手。我看到其他推着婴儿车的父母总盯着自己的手机，这让我感觉沾沾自喜，心想：我可真是一个好爸爸。

但是，当我从兰西那儿了解到其他文化中，孩子获得的关注程度与我们的孩子不一样时，我突然感到，有时候我们倾注在罗丝身上的那种近乎痴迷的精力和关注变得奇怪起来，甚至还有些可笑。听说了其他的育儿方式后，我感觉仿佛有人从我身上拿走了那份为人父母沉重的负罪感，把它放到路边，并对我说："没关系的，路易斯。你可以专注于自身，不用感到愧疚。"

当然，这并不是说西方流行的一些育儿模式，如亲密育儿法，是完全错误的。如果我们想和孩子建立起一种安全的亲密关系，就需要变得更加温暖一点，回应更加积极一点。在他们饿了时进行喂食，并与他们保持亲密的身体接触。但重要的是，父母的生活不会围绕着孩子每一个一时兴起的念头而改变，因为在孩子身上耗费过多精力存在一个明显的风险，即孩子们可能会成为纳西索斯，而父母则会变成回声女神。

《大西洋月刊》有一篇文章叫《亲密育儿法的风险》，它是这样说的："父母一旦开始以牺牲自我为代价去满足孩子所有的需求时，这种模式就会持续下去。想一想这样的场景：你刚刚坐下来吃晚餐，6 岁的孩子就嚷着要再喝一杯牛奶；10 岁的孩子迫切希望给日程中新增另一项活动，但这需要你在交通高峰期驾车穿过整个城镇。每当这些时候，你都很难跳出满足他们需求的思维模式。"

5

池塘大，鱼儿小

那么，为什么在不同的文化中，我们给予孩子关注的类型和程度会有如此显著的差异呢？这个问题不能简单地归咎于“自拍”或者ins。

正如我们在前面章节所看到的，在某些文化中，因为家庭人口众多，孩子会成为经济资产，他们既要干活，又要照顾弟弟妹妹。但在当今世界的很多地方，出生率正在下降，我们生活的家庭更有可能是“豆竿式”家庭：即父母会把自己的时间和精力全部投资在为数不多的几个孩子身上，尽可能长时间地保护他们，让他们免于面对外部世界的挑战。如果你只有一个孩子，聚光灯就会格外明亮。

在聚光灯下长大的孩子会产生强烈的与众不同之感。抚养这些孩子的问题在于，总有一天，他们这种自我特殊感是要与现实世界进行接触的。上小学时，我游泳游得特别好，轻轻松松就能赢得蛙泳比赛冠军。我以为自己是个游泳高手，是尚未崭露头角的迈克尔·菲尔普斯。然而后来我进入了一所更大的初中，遇到了一个游泳比我厉害很多的男孩。他真是个讨厌鬼。那一阵子，这件事情真的狠狠挫伤了我的自尊心。在工作中我经常会看到，孩子们过渡到初中后，出现了非常严重的心理健康问题。那是因为他们还没有准备好成为大池塘里的一条小鱼。

现在，让我们把这个现实延伸到一个更大的池塘，即社交媒体的世界里来看一看。在这个世界中，孩子们会接触到其他数十亿特殊的人。而且，这种接触揭露了一个令人痛苦的基本事实：在社交媒体世界 99.9% 的时间里，孩子们都不会受到任何特殊待遇。

过于依赖特殊性的自我形象，究其根本就是十分脆弱的。我们需要让孩子们做好准备，去面对一个不会一直有聚光灯照耀的世界。而且就算有了聚光灯的照耀，他们也会被其灼烧，蒙蔽双眼。

自恋源自于一个被忽略掉的根源：过度放大自身的特殊性，同时又忽视了他人的需求，只为给自己攫取更多资源，且重视自我形象甚于群体利益。如果你和我一样，希望为你的孩子创造一个更加美好的未来，那我们就需要打破自身影像施下的魔咒。我们仍然可以热爱所有让人类与众不同的东西，这其中有许多东西也是我们在本书中探讨的主题，比如我们的同情心和合作能力等。同样地，我们也仍然可以热爱所有让我们的孩子与众不同的东西。但是为了他们着想，我们要让他们在成长过程中明白，这个世界不是为他们而存在的。同时，我们可以帮助他们以可持续的健康方式获得所需的关注和认可。还是和往常一样，这件事需要从我们自身开始做起。

是时候照照镜子了

如果你发现自己对孩子产生了怨怼，且已到了无法和解的地步，那么也许是时候该照照镜子反思一下了。

你自己的需求得到满足了吗？你是否因为自己的重要需求没能得到满足而心怀怨恨呢？你可以采取什么步骤来解决这个问题？你从亲近之人和工作中得到足够的认可了吗？或者问一问其他人欣赏或喜欢你的哪些方面。你要如何让自己站在聚光灯之下？允许自己多炫耀一点吧。

另一方面，如果你发觉自己把太多的时间花在自己的需求和计划上，花在自己的脑海里，那么也是时候该照照镜子了。这里的解决办法是定期（最好每周一次）给孩子提供高质量的陪伴，去做他们真正想做的事情。放下你自己的需求和兴趣，全身心地关注你的孩子。

6

孤独的孩子是怎么来的?

自恋与孤独是如影随形的。纳西索斯变得孤独是因为他唯一关心的只有自己的倒影。父母一直告诉他，他是多么独一无二，导致他的自我意识变成了随时可能破裂的脆弱泡沫。唯一能够让他维持这膨胀的自我意识的地方，就是只有他一个人的池塘边。

“纳西索斯”一词来源于希腊语“narke”，意思是麻木。如果我们太专注于自我形象，如果我们和他人之间的界限变得越来越僵硬，越来越难以渗透，那么我们就会对外部世界产生麻木感。当你只考虑自己时，你就会与其他人失去联系。

在英国，当下的年轻人比包括老年人在内的其他任何年龄段的人都感觉更加孤独。(想象一下在不久的将来，出现这样一个完全颠倒的画面，老年人去青少年的卧室看望他们，而且为了让他们不那么孤独，陪他们玩起了游戏！)事实证明，孤独有害健康。科学家最近发现，孤独对身体的伤害和一天抽15

根烟的伤害一样大！想象一下，你孤独的孩子相当于每天抽这么多烟，对此你一定会震惊不已。

孤独对健康的危害如此之大的原因在于，我们人类在生理上是紧密相连的，我们的进化就是为了彼此建立联系，为了融入群体之中。当我们这个需求没有得到满足时，大脑中一个叫中缝背核（Dorsal Raphe Nucleus，简称DRN）的部位，它就会促使大脑中负责社交需求的部位产生痛苦感。孤独的痛苦是一种生理现实，是一种让你重建联系的内在深层智慧。

这就是为什么我们要强调让孩子形成健康自恋，要让孩子不沉迷于社交媒体的虚假归属感，真正回归到家庭和社会。

詹姆斯来见我时，两个眼袋非常严重，而且看起来蓬头垢面的。他告诉我，他把自己锁在卧室里打了好几个小时游戏。游戏满足了詹姆斯在外部世界渴望努力实现的需求，给了他一种掌控感，一种归属感。但游戏并没有改善他的心理健康状况。他最近刚确诊了抑郁症。

有一天，前来治疗的詹姆斯对我说，他在和一群来自世界各地的朋友一起通宵玩《侠盗猎车手》。他说自己在游戏里感觉非常棒，整个人十分亢奋，因为能够和这么多人一起交流，一起在虚拟世界里冒险。但是他告诉我："我一离开游戏，就感觉孤独的乌云在笼罩着自己。"而且他无法摆脱这种状态："我有了这么多朋友，为什么还会感觉如此孤独呢？"

我们探讨了联系的不同种类以及它们给我们带来的不同感受。我认为，他和朋友一起玩《侠盗猎车手》的这种联系就像是一份巨无霸套餐：短时间内能让他填饱肚子，但很快他就想要吃更多的东西。我让他回忆一下自己曾与他人建立的更有营养的联系。

通常，人们来做心理治疗就是为了满足自己对联系的深层需求，这也是我希望詹姆斯和我一起经历的事情。一个需要依赖专业人士才能满足联系需求的世界，并不是一个好的世界。我给詹姆斯和我的所有客户设定的终极目标就是，让他们能够在心理治疗室的沙发以外找到新的人际联系。

人人都背负着孤独的创伤。它是我们内心深处感觉被排斥、被抛弃、被孤立、被误解的地方。而我们往往总是避免去关注这个地方，因为它会令人感到痛苦。相反，我们会去寻找一些治标不治本的解决方法，包括建立一些缺乏有意义联系的表面关系。问题是，这些表面关系带给我们的仅仅是一种暂时的“虚假归属感”，一阵短暂的兴奋，我们很快会像詹姆斯一样，感觉空虚，出现“社交营养不良”问题。

我们的孩子就是一面镜子，他们能反射出我们内心需要自己关爱的部分。他们的孤独向我们展示了一些重要的东西，需要我们去关心和照顾。如果我们想保护自己的孩子免受孤独流行病的感染，我们就应该从自身开始做出改变。

关注孤独根源的冥想练习

无论你或你的孩子感觉到孤独，它都不代表你有任何问题。这种孤独感正在指引你们去建立联系。在下面这个练习中，我们将去探索这个爱的领域。这个练习的灵感来自我曾与一位男士在冥想静修时的一次聊天。当时我们讨论到孤独和圈子的话题，他告诉我，虽然他独自一人生活，但从来不会感到孤独。每天早上起床后，他会打开窗户，和落在窗沿的小鸟打招呼。然后，等邮递员到来时，他会抽空和他聊一聊天，开启这一天的生活。他目之所及、心之所想的一切都是可以与之交流的，由此创建了自己的交际圈。在我们周围一直围绕着一个爱的领域，但因为我们沉迷于自己的影像，所以忘记去关注这一领域。

1. 找一张大一点的纸，把你的名字写在中间。

2. 现在，在你的名字外面画一个圈，在其中写下会支持你的人的名字，构成你理想中的支持圈。这个圈里可以包括下面这些人或物：

a. 你认识且至今健在的人，他们最近刚对你展现过善意。

b. 已经辞世的人，但你有时仍能感受到他们对你的支持。他们可能是你已经离开人世的父母、祖父母或朋友。即使你感觉不到他们的支持，如果有人已经辞世，但你真心希望还能感受到他们的支持，也可以把他们的名字写下来。

c. 你从未谋面或者无法电话沟通，但却感觉与之有联系的人。此人可以是心中的偶像，也可以是你感觉亲近的睿智师长。

d. 能给予你支持力量的自然元素。在许多土著人的传统中，他们都很尊重与自然元素的关系。当你在森林里或者海边漫步时，会偶尔感受到一种被大自然支持的感觉吗？宠物或其他动物有没有带给你这种感觉呢？

3. 当你把支持圈里的名字写好后，花点时间想象一下这个场景：你站在正中央，支持圈里的每个生命都在用充满爱意的温暖目光注视着你。好好享受这种被爱与支持包围的感觉。然后，想象自己向每一个生命致谢，感谢他们来到这里，感谢他们对你的支持。

请记住，这个支持圈永远都在。爱就在你身边。

第七章

疗愈方法三：培养孩子的同情心与合作能力

无论是星还是云，是花还是树，

是你还是我，万物的显现皆有赖于宇宙中的其他事物。

在每个孩子身上，我们都很容易能找到其父母和祖父母的影子。当我们偶尔无法理解孩子的某种行为时，不妨这样想，

每个孩子都不是单独存在的个体，而是一个生命的延续。

孩子的父母和祖先都在他身体里留下了影响。

我们并非独立存在，而是相互依存。

—— 一行禅师（Thich Nhat Hanh）

1 我们为什么要帮助彼此?

2012 年 6 月的一个狂风大作的早上，身为两个孩子父亲的德尔罗伊 · 西蒙兹（Delroy Simmonds）来到了布鲁克林柏树山区的凡希克凌大道车站。他要去参加一个工作面试。西蒙兹已经找工作一年多了，非常希望能够得到这份维修工的工作。就在列车即将驶过拐角之时，西蒙兹注意到有一辆婴儿车被一阵大风吹到了铁轨上。婴儿车里还有一个男婴，因为撞到了铁轨，脑袋上鲜血直流。列车正在快速靠近。婴儿的母亲被吓得呆愣在站台上，身旁还有另外三个孩子。就在这时，西蒙兹毫不犹豫地跳入轨道，抓住婴儿车里九个月大的婴儿，把他带到了安全区域。

事后，当地媒体报道称颂西蒙兹是大英雄。西蒙兹说："人人都把我看作超级英雄，但我只是个普通人。任何人在那个情况下应该都会像我这样做的。"虽然西蒙兹错过了工作面试，但听到这件事的后续你一定会感到高兴，在他舍己救人的故事公开后，他收到了许多工作邀约。

2019 年 9 月的另一个狂风大作的早上，我带着女儿去参加伦敦市中心的一个青年气候游行。这是英国有史以来最大的环保抗议活动。大约 10 万人把威斯敏斯特区的街道全都挤满了。在议会大厦附近的泰晤士河畔，我发现了一个“反抗灭绝”组织设立的家庭活动点。他们在一张大毯子上为孩子们准备了一些艺术创作材料。我们父女俩坐了下来。还不满两岁的罗丝开始进行自己的绘画创作。她用双手蘸取颜料，在纸上涂涂抹抹，不过大部分的颜料都沾到了她脸上。于是，我转身想在背包里找几张湿巾。就在我找湿巾的 30 秒中，罗丝不见了。

在这 10 万喧嚣混乱的人群里，我的女儿不知所终。

我站起身，惊慌失措地扫视着人群，感觉自己仿佛置身于最黑暗的《威利在哪里》游戏中，双腿不住地发软。我朝一个方向跑去，看不到她，又朝另一个方向跑去，还是没有她的踪迹。我的眼前只有成千上万的人在移动，在行进，在呼喊。

此刻，我脑海里出现的第一个念头是：“我老婆会杀了我的。”

然后，两个对立的想法蹦了出来。

一个想法说：“罗丝肯定遭遇了不测，也许她被人绑架了，我可能再也见不到她了。”

另一个想法说：“她会没事的，有人会把她交给警察。我一定能找到她。人们一般都很善良，会关心别人（但我老婆还是会杀了我的）。”

我开始询问旁边的人是否见过罗丝。这时，我正好遇到了一位在儿童活动小组有过一面之缘的妈妈。她闻讯立刻行动起来，请求其他人帮助。很快，一个由妈妈们组成的“菌丝网络”出现了，她们兵分几路，穿过游行队伍，帮我一起寻找罗丝。

接下来的10分钟是我人生中最漫长、最痛苦的10分钟。如果你的孩子走丢过，哪怕只有一分钟，你也会明白我的感受。后来，不知从哪里冒出来一位妈妈，我隐约记得她来自某个自然组织。她怀抱着罗丝就这样朝我走来。罗丝看上去吓坏了。这位妈妈认出了罗丝和她那件印有水母图案的橙色套头衫。

那一刻，我体会到从未有过的如释重负之感。

2

同情心是必需品，而非奢侈品

当一位父亲冒着生命危险去救一个即将被列车轧死的陌生婴儿，当一个自发组织的妈妈网络从一场浩大的游行中替一位父亲找到丢失的孩子时，我们在他们身上看到了人性中的一些重要东西——同情心。的确，人类有着上一章介绍过的以自我为中心和自恋的特质，我们也听说过诱拐儿童的骇人故事，但人类的特性中还拥有同情、合作以及偶尔会无私奉献的内在潜质，而培养这些潜质是培养孩子人性不可或缺的一环。

同情心是必需品，而非奢侈品。同情心是一份珍贵的礼物，它意味着我们能体会其他生灵的苦痛，包括动物、树木，甚至是我们不喜欢的人。它还意味着我们会因此受到鼓舞，去阻止和减轻这种苦痛。它不仅可以治愈不健康的自恋，还对我们和孩子的身体、心灵和社会有好处。

从父母的角度看，你希望你的孩子在一个什么样的世界里长大呢？是一个自相残杀、人人为己、满是恶霸和自恋狂的世界，还是一个大家与人为善、各自善待的世界呢？后者不是指人人喝着瑜伽茶、进行集体拥抱（虽然拥抱确实有帮助！）的某种嬉皮士理想世界。它也并不意味着软弱怯懦，容易被打败。在这个世界中，存在着一种强烈的同情，你会对他人的痛苦感同身受，会更坚持你认为对的事情。

好消息是我们生来就具有同情之心。研究表明，8 个月左右的婴儿在看到有人受伤时，会通过表情、动作或声音来表达关心和同情。长到 14 个月以后，如果你掉了东西或者够不到什么东西的话，他们还会给你帮忙。华盛顿大学 2020 年的一份研究显示，19 个月大的幼儿在没有任何鼓励、指导或者强化的情况下，即使自己很饿，也会把好吃的零食送给有需要的陌生人。这种与生俱来的利他精神将人类和其他灵长类动物区分开来，后者只有在限定条件下才会共享资源。猴子不会把自己需要的美味食物送给其他的同类。

人类生来就有同情心，是因为我们是一个高度社会化的物种。我们的祖先就是靠着聚集在一起，彼此互相关心生存下来的。查尔斯·达尔文（Charles Darwin）说过，同情是人类一切本能中最强大的一种，而且，“那些拥有最多最具同情心成员的群体，其发展繁衍是最为兴旺的”。

同情与人体中迷走神经的激活有关。迷走神经从我们大脑底部穿出，穿过心脏，到达肠道。它与一种人体的关键激素息息相关，即催产素，也被称为爱情分子或结合荷尔蒙。催产素从许多方面来说都是哺乳动物生物学的奇迹。当母亲在哺乳或者当我们拥抱时，就会释放出催产素。如果给女性鼻子里喷一点催产素，她会感觉婴儿变得更有吸引力了。当你怀抱婴儿、欣赏落日或者聆听美妙的音乐时，都可能体会过催产素带来的那种暖心的感觉。

3

三个圆圈

那么，作为父母，我们要如何才能培养孩子的同情心呢？

人类的同情心是深深刻在骨子里的，数千年前智慧的古人早已发现，只要用一些简单的技巧就可以帮助我们走进人性中更美好的部分。

保罗·吉尔伯特（Paul Gilbert）是一位心理学教授。在认识到同情的力量后，他围绕这种力量设计出一套治疗方法，叫作同情聚焦疗法（Compassion Focused Therapy，简称 CFT）。他还开创了一种新的心理模型。我的很多客户都发现该模型对于了解自己和培养同情心非常有帮助。下图中每个圆圈分别代表了你三个基本动机系统中的一个。无论何时，你都处在其中一个系统当中。但是，如果待在同一个系统里时间过长，你的生活就会失去平衡，出现问题。

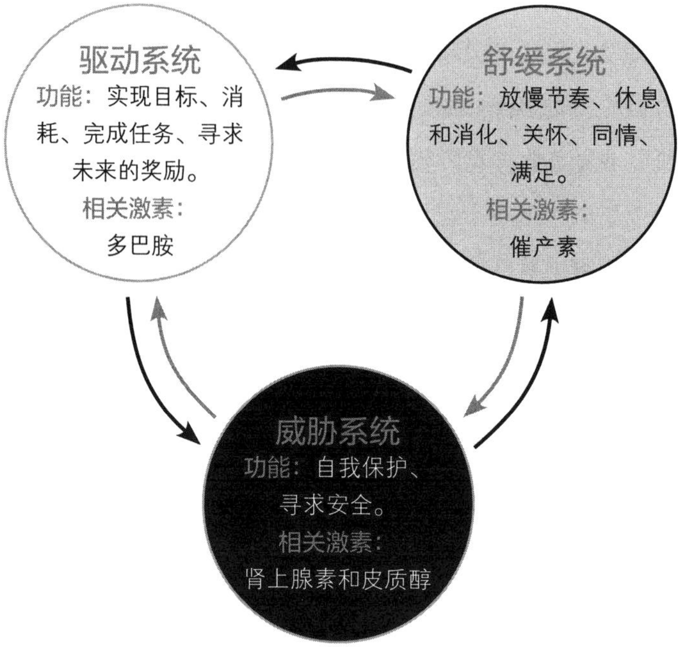

当感觉紧张或受到威胁时，我们就处在黑色圆圈里，整个人不是在战斗状态就是在逃跑状态。这种情况下是不可能出现同情心的，因为人类感到紧张时，往往会更加关注自己而非他人。当在寻求未来奖励时，我们就处在白色圆圈里，会受到来自多巴胺的刺激和驱动。如果我们寻求奖励的动机是出于恐惧或是对个人成就的重视，这也会限制我们的同情心。最后，灰色圆圈是一个令人感到舒缓和关怀的“照料与结盟”区域。在这里，我们会感到安全，并且产生同情心。

现在，我们都非常热衷于成长、发展、成就和奋斗，却忽视了灰色圆圈带给我们的治愈效果。我们都被强大的力量卷入了白色和黑色的圆圈里，这些力量包括受多巴胺刺激的大环境和人们的恐惧与愤怒等。

我以前教授正念课程时，最喜欢用橄榄球运动员乔尼·威尔金森（Jonny Wilkinson）的故事来说服那些不愿意听讲的男孩子。威尔金森曾在橄榄球世界杯决赛上拿下制胜一分，这让他登上了橄榄球职业生涯的巅峰。但不久之后，他就因为在竞争激烈、寻求奖励的白色圆圈里待了太久，而患上抑郁症。当然，这个故事有个美好的结局。威尔金森最终通过冥想疗法培养了同情心，治愈了疾病。在几年前的一次采访中，他说道："作为一名橄榄球运动员，我经常感觉我是在逼着自己去实现某些目标，而这些目标并不总是符合真实的自我。我一直努力想主宰世界，但这却没有让我感到快乐。现在，我知道自己的使命就是拥抱人性所有积极的方面，例如接纳、同情、与他人的真正联系等等。"

4

跟孩子一起练习同情心

当孩子压力过大、焦虑不堪、不知所措或自我否定时，说明他们进入了黑色圆圈，此时我们的责任就是帮助他们进入灰色圆圈。如果我们自己就在灰色圆圈里，自然而然可以帮助孩子也进入这里。但如果我们本身很容易焦虑紧张、身心俱疲，忘记了自己的需求，就需要用一些方法让自己放松下来。正如作家埃莉诺·布朗（Eleanor Browns）所说："空容器里什么东西都倒不出来。"如果想让孩子对自己和他人产生同情心，我们就得先把你自己的杯子装满，进行自我关怀，像对待挚友一样对待自己。

为了孩子的心理健康着想，我们需要放下父母身上背负的沉甸甸的愧疚和自责。2020年一项回顾父母自我关怀情况的调查显示，自我关怀能够持续减轻父母抑郁、焦虑和精神压力的状况。最近一项针对900个荷兰家庭的研究表明，一般很少自责的父母，他们处于青春期的子女也不太会出现抑郁和焦虑症状。

同情心练习

下面是我挑选出来供自己使用或在工作中使用的一些方法，你可以自己先进行练习。只有当你发现这些练习确实对自己有帮助时，才能和孩子一起练习。

1. 记住我们共同的人性——请记住，所有人都会经历痛苦，我们都有一颗保罗·吉尔伯特所说的“狡猾的大脑”，很容易受到外界的影响。问问自己：能否把自己的挣扎和失败，看作身为一个人的基本要素，而不是你的个人缺点？能否不把这些要素用来区别你和想象中比你优秀的人呢？

2. 热爱你内心的批评家——我们每个人内心都有一个批评家，他那刺耳严苛的声音只会说我们不够好，不值得同情。如果你从小在批评声中长大，就会觉得在别人批评前，先引咎自责是理所当然的事情。根据我的经验，这种“自己不值得同情”的感觉就像是刺猬的尖刺，在试图保护曾经受过伤害且柔软脆弱的那部分自己。每当你注意到内心的批评家时，可以给予他一些关爱，感谢他对你的保护，并请他好好放个假，因为这是他应得的。

3. 培养富有同情心的内心声音——想象一下，如果从醒来的那一刻开始，你就像你最要好的朋友、最忠实的支持者或据你所知最富有同情心的人（真实人物或虚构人物均可）那样对自己说话，你的一天、你的生活、你的孩子和这个世界都会变得更美好。培养这种富有同情心的内心声音，你可以回忆一下感受到爱意的时刻，或者想象一下你认识的最富有同情心的人，想象他们在脑海中用充满爱的声音在指导你。

4. 善意的呼吸——让注意力回到你的身体里，寻找一个感觉紧张或有压力的身体部位。现在，把这个部位想象成年轻时的你。把一只手温柔地放到这个身体部位上。你可以（大声或默默地）说“好啦，好啦”，或者“你可以留在这里”，又或者“我明白你为什么会有这种感觉”。现在，想象你正在给这个部位吸入善意。你可以边吸气边说：“吸入善意。”

5 慈爱冥想练习

阿尔伯特·爱因斯坦（Albert Einstein）有句名言："我们的任务一定是通过扩大我们的同情范围，拥抱一切生灵和整个大自然的美丽，从而把自己从这个牢笼中释放出去。"一旦我们开始关心和善待自己，就可以开始和孩子一起练习扩大同情范围，把其他人容纳进来，包括和我们不一样的人、不属于我们群体的人以及和我们有着不同国籍、肤色和信仰的人。而且，因为我们都要依赖自然界和其中的生物生存，所以要扩大同情范围，我们也要把这些星球上的所有生物都囊括进来。

要想扩大同情范围，慈爱冥想是一个很好的入门练习。这个练习已经存在了2500多年，它可以减轻焦虑、抑郁和其他负面情绪，减少痛苦体验，培养积极情感，增加对自我和他人的同情。甚至有一项研究表明，它还可以延缓衰老！

下面是慈爱冥想的改编版本，你可以独自做这个练习，也可以和5岁左右的孩子一起做。

这个练习你可以花 5 分钟时间进行，也可以花半个小时，这取决于你的时间和孩子注意力持续的时间。建议你不要只是指导孩子进行练习，而是要和孩子一起来做。

学会送祝福

1. 首先，你要确定给这个世界送上的美好祝福是什么。通常人们会说：愿他们平安，愿他们健康，愿他们幸福，愿他们寻得安宁。当然，你可以按照自己的想法确定祝福内容。你也可以和孩子一起想一想，你们最希望世界上其他人，特别是那些正在苦苦挣扎的人，拥有怎样的经历。

2. 然后，让孩子回想一段令自己感觉到安全和爱意的时光，从而激活他们内心的同情。它可以是一个简单的时刻，比如与祖父母的一个拥抱，或者和好朋友结伴出游的美好一天。你和孩子都可以试着把手放到心口，闭上眼睛，静默 1 分钟。与此同时，想象爱意像温暖的光一样在你们体内流动。

3. 现在，把美好的祝福送给自己。祝福通常是这样的：愿我平安，愿我健康，愿我幸福，愿我寻得安宁。你可以默默说给自己听，也可以大声说出来。这样有助于你把同情想象成在你周身流转的温暖光芒。想象一下，如果这些美好的祝福都成真，生活会变成什么样子，用心感受一下。同情常常会转化为胸口涌现出的一种温暖感觉，因此你可以关注一下自己的胸口。

4. 下一步，在脑海中想一想你非常感激的人、对你很好的人，以及你爱的人。把祝福送给他们：愿他们平安，愿他们……孩子们可能会把祝福送给宠物、毛绒玩具或者他们喜欢的电影角色。当然，你们还可以依次给每位家人送上美好祝福，这也是一件令人愉快的事情。

5. 接下来，把祝福送给在生活中苦苦挣扎的人们，他们可能真的很需要这些祝福。

6. 再接下来，把祝福送给你觉得难以相处的人。你或许与他们发生过口角，而他们可能是你以前的朋友，也可能是某个对你不好的人。如果感觉给他们送祝福很困难，你也别担心（不要从你生活中最难相处的那个人开始送祝福）。

7. 最后，把祝福送给世界上所有的生灵。愿世界各地的一切生灵平安……你也可以给地球母亲送上祝福，愿人类带给她的所有伤害都能痊愈。

6

践行同情心

共情和同情都非易事。同情是在共情（感受到他人的痛苦）的基础上萌生出想要提供帮助的念头。事实上，共情本身弊大于利。人们也许会认为，只靠共情就能帮助正在遭受痛苦的人。某些情况下，共情可能会有所帮助。但是，如果我无家可归、身无分文或者我的房子着火了，我可不需要你的共情，谢谢。而且，共情会让人沉溺在其他人的情感中无法自拔。如今，我们只需点击一下按钮，就能感受到地球上所有人的痛苦，而这会让我们面临研究人员所说的“精神麻木”或“同情崩溃”的风险。

孩子们需要靠我们的引导，才能从痛苦中走出来。如果我们自己都不知所措，自然无法去引导他们。当然，少关注新闻、少用社交媒体也能解决部分问题。但是，帮助我们的孩子去践行同情心也是非常重要的。毕竟，共情最多只能为同情提供情感的燃料。

下面是我推荐的一些践行同情心的练习方法。和培养其他任何行为一样，你只有通过重复、重复、再重复，才能强化孩子的行为习惯。通过下面这些方法，你将教会孩子在面对痛苦时敞开心扉，用充满力量、勇气和同情的心灵去回应痛苦。

1. 让他们充分接触有关同情心的故事。找一些有关某人富有同情心的故事，包括孩子们生活中发生的故事。罗丝就很喜欢她被那些善良的妈妈们找到的故事。在用餐时间和孩子们分享这些故事。

2. 不要回避痛苦。痛苦可以打开我们的心扉，让我们团结起来，因为在某一时刻，大家都会感到痛苦。正如活动家兼作家乔安娜·梅西（Joanna Macy）所说："开启的心扉可以容纳整个宇宙。"因此，当痛苦出现时，你要去谈论它。感到痛苦的可能是生活艰难的家人，是学校里遭受霸凌的孩子，是路上偶遇的无家可归者，甚至是被汽车轧死的鸽子。你可以通过提问的方式帮助孩子进行反思。如果你们谈论的是校园霸凌问题，你可以问问孩子，看到这件事情有什么感受。如果有可能的话，他们会做些什么来帮助受害者。与孩子进行这样的对话能带给他们很多信心，让他们知道自己可以为世界的痛苦所感动，而且还可以采取行动。

3. 选择一个同情的焦点。让你的孩子想一想最想帮助的一群人（或生物）、一件事或一个问题。是无家可归者、濒危物种还是热带雨林？一旦他们做出决定，你可以找一个你们能够共同阅读、观看或倾听的故事。开始这个故事之前，你们要约定好，在过程中一起分享身体里出现的感受。记住，你们是在共同学习，而且对别人的痛苦心有所感是很正常的事情。现在，把这些感受转化为行动。你们一起来想一件自己可以做到的、对解决问题有帮助的事情。不需要是惊天动地的大事，可以是进行捐赠、写一封信或者参加志愿活动这样的小事。

7

重新定义成功

虽然大部分父母和老师会说，培养有爱心的孩子是他们的头等大事，而且他们把这件事看得比孩子的成绩更重要。但是，根据2014年哈佛大学一项大型研究结果来看，答案是否定的。这项研究名为“我们希望培养出来的孩子：成年人所传递价值的真正含义”。该研究首先回顾了父母价值观传递的相关文献，然后对1万多名学生进行调查，询问他们自己的价值观以及父母给他们传递的价值观。从受访年轻人的经历来看，大约80%的受访者表示，他们的父母和老师更在乎他们的个人成功，而不是他们是否关爱他人。研究中一项针对日常对话的分析结果显示，在父母给子女传递的信息中，鼓励子女追求个人成功的频率远远高于鼓励子女关爱他人的频率。研究报告的作者把这种现象称为“说辞与现实的差距”。尽管父母认为关爱他人很重要，但实际上，他们并没有把这种价值观传递给子女。

我们都希望自己的孩子在一个人人相互关爱的世界里长大，但我们可能没有让孩子做好建设这样一个世界的准备。当然，我们不是故意的。通常，我们对于驱动自己与孩子互动的隐性价值观都没有充分的认识。

这里有一个小建议：当孩子取得成绩时，不论是学校考试成绩还是体育比赛成绩，都让他们打开思维，想一想哪些人或哪些事对他们实现目标有过帮助。这将有助于他们学会对支持自己取得一切成就的自然或人际网络心怀敬意。

我们要做的第一步，就是非常清楚地认识自己的价值观。

我曾经治疗过一个家庭，父母都是个人能力很强且经济上很成功的人士。然而，他们 17 岁的女儿帕鲁尔却患上了抑郁症。而且，这个家里没人会谈论自己的感受，也没人聊过帕鲁尔的抑郁症。在家的大部分时间，他们都待在自己的房间里，不是看手机就是玩电脑游戏。在我的第一次治疗中，为他们设定的目标是让彼此感觉更亲近一些。

有一种看法认为，抑郁症的出现，表明我们没有遵循自己的价值观去生活。因此，在治疗初期，我给这个家庭布置了一个挑战，让他们从我给出的价值观清单，商定全家人公认的五个价值观。我要求他们挑选价值观时，好好思考一下，自己希望生活在一个怎样的世界里。他们每人先选出十个价值观，然后再从其中找出大家共同选中的价值观。这些价值观将成为这个家庭的北极星，成为他们重新定义成功的基础。

一周后，再次前来治疗时，这家人对我说，他们发现这个练习出奇地简单，而且结果一目了然。他们全都选择了善良、创造力、感恩、诚实和忠诚这五个价值观。随后，他们商议决定，要互相对彼此的这些价值观负责。具体做法包括，他们决定每周确定一个价值观主题，然后在晚餐时间一起讨论当周的价值观。对这家人来说，“诚实”那一周的讨论极具挑战性。因为帕鲁尔首次袒露了自己的感受，她感觉父母工作太辛苦，甚至没有足够的时间来陪伴家人。但是，既然全家人都选择了“诚实”这一价值观，它就一定会像情感黏合剂一样把他们连接在一起。

接下来的几周里，这家人坦诚地交流了对自己而言最重要的东西，这让他们彼此更加亲近。渐渐地，随着他们围绕共同价值观结合得越来越紧密，整个家庭的焦点开始向外转移，落到“自己能为这个世界做些什么”的问题上。帕鲁尔和父亲开始参加每周一次的动物收容所志愿活动。这家人的故事证明，只要你和家人明确了成功的定义，并且拥有切实可行的共同行动框架，你们的生活一定会发生质的改变。

8

培养孩子的合作力

合作意味着人们为了同一个目标而共同努力。与同情一样，合作也能让我们摆脱过度关注自我的状态。回想当初，我正是依靠一个由妈妈们组成的合作网络的帮助，才能从 10 万人中找到了我的女儿。

其实，你本身就是一个活生生的合作案例。此时此刻，你的肺部正在呼吸着空气，甚至不需要经过大脑的指挥。它会将氧气扩散到血液中，并将二氧化碳当作废弃物排放到环境里。接着，这些二氧化碳会被植物和树木吸收。植物和树木会把氧气当作废弃物排放到环境中。与此同时，在你的肠道里，共生着 1200 多种不同的细菌和真菌。它们会同你的肠道细胞一起，替你消化上一餐食物，抵御病原体侵袭。

事实上，合作是我们人类的超能力。大多数群居哺乳动物只会与它们的血亲合作，而人类却有办法与不同国家、不同语言、不同信仰的人和睦相处，通力合作。

心理学家迈克尔·托马塞洛（Michael Tomasello）和他的团队经过不懈努力，向我们证明了，人类的合作始于注意力的共享。我们只有通过共享自己的注意力，一起看向同一个目标，才能达成合作。你可能已经在自己孩子身上注意到这样一点：从 9 个月左右起，大多数婴儿会开始用手指一些东西让你看。当你看向他们所指的东西时，你就是在共享你的注意力，和他们关注同一个目标。因此，不要低估共享注意力的力量，它能为孩子的合作打下基础。不论你的孩子是婴儿、幼儿还是青少年，也不论他们对什么东西感兴趣，你都要想办法加入其中，即使每周只参与 10 分钟也可以。就算孩子喜欢的是暴力电子游戏，只要你和他们组队一起玩，而不是对抗竞争，他们之后也会更愿意与你合作。

轮流“当家做主”也是一个促进合作的好办法。我遇到过一些家庭，他们的小孩最初很不情愿让别人做主，但只要稍微坚持一下，这种习惯就很容易养成。如果你们要去散步或者规划一次活动，全家人可以轮流来当一家之主。

谈到合作，大自然是一位伟大的老师，你可以从中找到许多例子，比如蜜蜂为花朵授粉，蚁群共同运送食物回巢，菌丝网络为植物和树木传递养分等。2015 年的一份论文显示，待在大自然中，人们会变得不那么以自我为中心，会更慷慨大方，更乐于合作。

第八章

心理根源四：缺失感

当我听说海里的鱼儿口渴时，

我笑了。

——迦比尔（Kabir）

1 为人父母，无法尽善尽美

你知道“为人父母是天底下最难做的工作”这句谚语吗？对一个复杂到难以想象，且拥有独一无二的DNA、脾气秉性和灵魂的生物，我们要全天候对其负责，而且一负责就是一辈子。因为这种责任感，我们很想把这件事情做好。我们希望孩子如自己所愿，快乐、优秀、善良、落落大方、热爱学习、运动更棒、信心更足……但因为他们本身是一个独立的个体，有优秀的一面，也有不足的地方，很多时候并不能如我们所愿。因此，我们变得特别恐惧和脆弱，害怕自己不够好，害怕孩子不够好。

罗丝15个月大时，我们带她去印度度假。我之前提到过，她晚上不好好睡觉。也不知道我们当时怎么想的，竟会带她一起去度假。

在异国他乡的陌生床铺上睡1个月真的很累人。其中有两天两夜格外难熬。罗丝烦躁不安，特别黏人，情绪又反复无常，整晚都在声嘶力竭地哭闹。等到第三天，我们一家三口全都精疲力竭。于是，我们决定去沙滩散散步，换换心情。在那里，我们碰巧遇到一对带着一个婴儿的以色列夫妇。他们看上去超级酷，很有嬉皮士风格，都戴着酷酷的墨镜，留着酷酷的长发，背着酷酷的手工皮质包，还有酷酷的文身。但我和劳拉更感兴趣的是，同样是父母，同样是人，他们肯定能理解我俩过去 48 小时不眠不休的地狱式经历。于是，我们便向他们询问起带宝宝旅行的感受。

“没错，带着宝宝旅行就是这么轻松，这么美好，”他们说道，“我们只要顺其自然就好了，一切都很美好。我们的宝宝睡得特别香，因为我们就是顺其自然。这感觉太美好了。”

顺其自然，顺其自然，去他的顺其自然，这不是我们想听到的答案！这个完美家庭让我们觉得自己一点都不“顺其自然”，既孤立无援又羞愧难当。这也不是他们的错。生活是最好的老师。我想我们应该停止拿自己与别人比较。但有些教训比其他教训更难让人接受。

我们拖着疲惫的身体，继续在沙滩上散步。几分钟后，我们在一家咖啡店坐下来喝果汁，邻座是一对来自科罗拉多州博尔德市的夫妇，他们还带着两个孩子。这家人很友好，没那么酷，倒是多了点人情味。迫切需要安慰的我们再次分享起了两天两夜未能入眠的地狱式经历。那位妈妈认真听完后，说道：“这经历真是如同地狱一般。我非常理解你们的感受。”这句话立刻让我们倍感亲切。

她说她知道带着一家人旅行有多难，甚至和我们分享了一些管教自家孩子的难处。他们遇到的难题和睡觉无关，但这并不重要。重要的是我们共同经历过人性的“挣扎”时刻。这场私人的聊天中，没有什么值得上传网络的故事，但却让我们感觉到为人父母不再那么孤独，感觉到被人理解，感觉到自己做得已经足够好了。

2

我们最深的恐惧：卫生纸用完了

2020 年以前，我记得唯一一次担心没有卫生纸的情况大约发生在 2007 年的火人节。

当时我喜欢上一个墨西哥女孩。一天晚上我们正在沙漠里闲逛，我忽然有些内急。等我找到一个卫生间时，才后知后觉地发现，里面没有卫生纸。这让我顿时惊慌失措。这里是地球上最酷炫的聚会，外面还有一个漂亮女孩在等我，而我却没有东西擦屁股。我趁她不注意，偷偷溜出卫生间，跑到附近几个人跟前，着急地询问谁带了卫生纸。这绝对不是我最值得夸耀的时刻。谢天谢地，最终我找到一个好心人，拿到了几张多余的卫生纸。然后，我想办法溜回厕所，把自己清理干净，还好这一切没有被任何人发现。幸运的是，那个女孩仍然在等我。我直接把刚刚的糗事抛之脑后，继续和她一起在沙漠里散步。就这样，我们度过了一个奇妙的夜晚，而那段差点被人发现的尴尬记忆，则暂时湮没在了充满着迷幻音乐节拍和独角兽三轮车的模糊回忆当中。

2020 年，当我们面对一种迅速蔓延全球的病毒带来的死亡威胁时，令我们感到恐慌的第一件事情是什么呢？不是没有维生素 C，不是没有巧克力，也不是没有西红柿罐头，而是没有该死的卫生纸！

为什么是卫生纸呢？这件事可以用弗洛伊德心理学来解释。我们最大的恐惧是没法擦干净屁股，因为这样一来，我们一直隐藏的所有污秽都会暴露于世。之所以在这里分享关于卫生纸的故事，是想证明，当原始恐惧被触发时，我们的表现会有多么不理智。

害怕自己不够好就是我们的根源性恐惧，与之相关的是我们对于自己拥有得不够多的恐惧。对于缺失，人们总是怀有一种深刻的原始恐惧。这种恐惧一直在暗中潜伏着，等待某个外部信号的出现，譬如一场病毒感染，或者类似于英国最近出现的卡车司机短缺现象。我们深怕卫生纸会用完，这样所有人都会看到我们肮脏、恶臭、讨厌的一面。我们深怕食物会吃光，这样我们都得饿死。我们深怕爱情会耗尽，这样我们永远都会觉得自己不够好，只能孤独终老。我们被这些原始恐惧所劫持，让我们做出令自己和孩子都很痛苦的行为。

有一个简单测试可以让你弄清楚，自己做什么或买什么的决定是否出于缺失心态。问问自己：“我这么做是因为恐惧还是因为喜欢？”你需要不断反思这个问题，因为当我们的缺失感被触发，或者当我们被“害怕不够”的恐惧所支配时，就会购买和囤积各种东西。在欲望和担心错过优惠的心态操控下，我们会越买越多，“黑色星期五”就是一个极端例子。下次你准备按下“立即购买”按钮时，请花点时间深呼吸，好好反思一下，问问自己：“我这么做是因为恐惧还是因为喜欢？”如果你想进一步做相关测试，可以试一试下面的练习。

向你的缺失感问声好

向自己提出下列问题，记录你的答案，同时注意身体里出现的任何恐惧迹象。当恐惧出现时，你只需把一只手温柔地放到有感觉的身体部位，让这份恐惧停留在那里。

- 这种缺失感在你生活中的哪些方面比较活跃？哪些人或事会让你感觉“还不够”？是你自己、你的孩子、你的伴侣、你的育儿方式、你的房子、你的银行卡余额，还是你的灵性？
- 写下你恐惧的内容，即你担心自己或生活中哪些方面“还不够”。你把恐惧描述得越具体，就越能掌控它们。这叫作恐惧设定。
- 花点时间反思并记录一下，这些对于缺失的恐惧如何影响你对自己和世界的看法。它们会让你的身体产生什么样的感觉？在受到稀缺心态驱使时，你会做出哪些明知对自己、家庭或这个世界不利的行为？

•现在，让我们一起在你的身体里寻找这种原始恐惧的根源。我们要对这部分自己多一点同情，不要把它病态化。你能从身体里找到这种害怕“不够”的原始恐惧最深的根源吗？如果能找到，请给这个身体部位一些关爱，把手轻轻地放到那里，试着对这种原始恐惧说：“我能看到你，我能听到你，我爱你。”

•你甚至可以和这个恐惧进行对话，问问它：“你真正需要什么才会感到安全？”（我敢打赌，答案一定不是更多的卫生纸。）

3

缺失心理的两大宿主

病毒需要宿主才能存活。这个宿主就是你灵魂中被抛弃，并被放逐到森林黑暗角落的那一部分。嫉妒和无价值感，就是缺失心理的两大宿主。因为嫉妒和无价值感，“还不够”病毒会在这里迅速传播。下面两个部分的内容将引导我们把爱的光芒照进嫉妒和无价值感所在的黑暗角落，并帮助我们保护自己和孩子免受“还不够”病毒的侵害。

嫉妒

喜剧电影《波拉特》讲述了一名来自哈萨克斯坦的记者前往美国追逐名利的故事。在电影开头的一幕中，波拉特这样介绍自己的邻居：“他是我的邻居努尔苏丹·图利亚格比（Nursultan Tuliagby），他也是我的眼中钉。我装一扇玻璃窗户，他也一定要装一扇玻璃窗户。我砌个台阶，他也一定要砌个台阶。我买了一台闹钟收音机，他买不起了。真是大获全胜！”

这个情节很有趣，因为我们都有同感。嫉妒之心，人皆有之。我们都想要别人拥有的东西。孩子也是这样，我们经常听他们挂在嘴边的话就是“这不公平”。

有一次，我带罗丝去伦敦芬斯伯里公园的一个儿童乐园玩。这个地方的玩具新颖多样，有仓鼠可以喂，还有一个机器，上面有一红一绿两个又大又亮的按钮，可以把球发射到房间的另一边。罗丝环顾四周，最终把视线落在角落里的一辆绿色拖拉机上。这是一个非常无聊的投币式玩具，会前后摇摆，并且发出无聊的拖拉机声。一开始罗丝并没有那么想玩，但有个男孩正在上面玩，罗丝看到后就也想要玩。因为男孩还在上面，所以我不得不一遍又一遍地阻止她爬上那辆拖拉机。直到机器终于停止摇摆，男孩下了车，我们父女俩的拉锯才停下来。最终，罗丝成功坐上了拖拉机，但却拒绝下车。哪怕拖拉机摇摆时间结束，哪怕看到别的孩子在其他地方玩得非常开心，她都不愿意下来。

我们渴望得到别人渴望的东西，即使这东西并不好玩，或者它其实对我们没有什么好处，我们也在所不惜。哲学家勒内·基拉尔（Rene Girard）把这种情况称为模仿欲望。你的孩子有没有像罗丝一样，仅仅因为看到另一个孩子想要，就拒绝交出他们已经玩腻的玩具呢？不过，老实说，不光小孩子想要别人拥有的东西，我们穷其一生的愿望也只是坐在绿色拖拉机上体验一次晕头转向的感觉。

嫉妒会让我们想毁掉那个拥有自己想要的东西的人，会暗自在心里想把某人撕个粉碎。这种幻想可能会让我们短时间内感觉良好，但长此以往，我们会对那个“够好的自己”产生苛责心理。

不过嫉妒也有积极的一面。有种理论认为，嫉妒是身体进化出来的一种信号，它会引导我们采取行动，确保自己拥有充足的资源。想象一下你回到了远古时代：穴居人首领比你强壮许多，而且拥有一个更大的部落，享有大部分水牛肉的食用权和大部分穴居妇女的交配权。你会感觉内心一阵刺痛（这就是嫉妒），它会引导你去寻找属于自己的位置。你知道自己无法靠武力打败穴居人首领。但你意识到，如果在头发上绑一根水牛骨，往脸上涂一些赭石，然后开始吟唱某些祝祷歌曲，人们就会尊敬你。他们会把你当成一位有治疗能力的术士，或者是一位巫师。正是因为嫉妒，你才找到了自己的位置，可以吃到更好的水牛肉，拥有更好的择偶权，不至于在寒冬来临之际孤独地被冻死。

每当孩子叫嚷“这不公平！”时，大多数情况下我们可能会觉得他们很幼稚。但是，这些时候往往是重要的育儿时刻。你可以选择告诉他们，在这个世界上没有什么是公平的。或者你可以帮助他们把这种不公平感从塑料玩具转移到真正重要的事情上来。首先，你需要确认他们的感受，并且让他们明白，有这种感受很正常。你可以这样说：“有时候我也会觉得这个世界不公平。”只有当你稍微冷静一点时，才能拓宽视野，和他们一起讨论世界上那些不公平的事情，以及你们想为之做出的努力。

把你的嫉妒表达出来

如果我们不直接表达自己的嫉妒，就会变得很脆弱，容易被一种不断告诉我们“还不够（好）”的氛围所伤害。诚实地面对你的嫉妒，能够在某种程度上净化嫉妒的有毒气息。而且，这样做还有额外的好处：通过关爱自己的嫉妒心理，我们可以弄清楚自己真正想要的是什么。希望这个练习可以让你克服对绿色拖拉机和其他东西的嫉妒，获得你在生活中真正想要的品质。

• 生活中那个令你暗中嫉妒或明摆着嫉妒的人是谁？在脑海中想象一下他们的样子。与此同时，注意内心出现的任何抵触情绪，以及任何告诉你不应该嫉妒的想法。记住，这些想法都是胡说八道。

• 一旦这个人进入你的脑海，问问自己：“我在这个人身上看到的哪个品质，是我偷偷希望自己也能拥有的品质？”（这种品质可以是从自信到同情心的任何东西。）

• 现在，把这种品质转换成这样的表述：我想要培养更多的 ×……（这里的 × 就是你想要培养的品质。）

现在，你已经弄清楚自己想要的是什么了。问问自己，是否愿意采取必要行动来追求想要的东西。答案是肯定还是否定并不重要。无论是哪个答案，你都可以明确自己的心意，并借此远离嫉妒。

无价值感

我有一位客户，名叫沙伊拉，20 岁。她来找我是因为深受强迫症和自杀想法的困扰，这让她面临大学学业荒废的风险。沙伊拉和别人合住一所房子。如果房间乱糟糟的，她就会经常陷入恐慌之中。而且，她特别无法忍受摆放不整齐的东西。比如，她可能会花一个多小时的时间整理一排鞋子，直到它们完美整齐地排成一行，结果自己却因此上课迟到。

在沙伊拉的成长过程中，父亲一直都十分挑剔，母亲则专横霸道。患有强迫症的孩子，其父母身上的这些性格特点都很常见。强迫症患者往往会通过控制、命令和理顺外部世界，来修复内心最深处的破碎感和无价值感。

沙伊拉在一次治疗中对我说："我想了解我的创伤核心，找到自己真正受伤的地方。"于是，我指导她进行了一次冥想。我让她把注意力转向身体内部，看看能否感受到自己背负的创伤。她告诉我，感觉胃部有些绞痛。我问她，是否能允许这种感觉存在，并保持对它好奇。在她允许这种绞痛感存在后，她感觉到这股能量开始向上涌动，进入大脑中，进入了那部分害怕深入了解创伤的自我当中。

我邀请她与这部分感到害怕的自我进行交流，并允许它的存在。我问她，这部分自我可能会是什么形状或性格。她描述称，是一块损坏变形的金属。接着，我让她想象一下，如果这块金属会说话，它会说什么？

在感受到这块损坏变形的金属背后的脆弱后，沙伊拉突然泪流满面：“它只是想变得完好如初而已。”

通过给沙伊拉的无价值感赋予一个形状之后，我们就可以来解决这个问题。我们要做的不是把它理顺，而是要给予这部分自我从未得到过的接纳与爱。

无价值感是一种认为我们在某些方面破碎、有缺陷、有瑕疵的感觉。当我们觉得自己与他人不是同等重要时，或者当我们不符合想象中的家庭和社会标准时，就会产生无价值感。当嫉妒变得充满恶意时，或者因嫉妒别人拥有的东西，转而开始攻击自我意识时，我们也会产生无价值感。我们会说：“我永远都不够好，无法拥有他们所拥有的东西。”

无价值感可能会使我们表现为缺乏自信、冒名顶替综合征、因害怕失败而不愿尝试等问题。究其根源，是我们觉得自己不值得被爱。而这部分感觉不值得被爱的自我，就是被我们从林间空地赶到原始森林里的那部分自我。当无价值感出现时，我们会开始审视周围的环境，想要从中寻找自己难以让人喜爱的证据。谁知道，竟然真找到了——有人不回复信息，这会让我们很崩溃；和别人交谈时说话速度快、声音低，因为我们以为没人会认真倾听；就算讨厌某个工作，我们也不会辞职去寻找新工作，因为外面肯定有比自己更优秀的人；某天早上孩子没有拥抱我们，这会让我们感觉彻底被他们拒绝了。

就像第一章中的受害者一样，这种无价值感的自我，往往也在等待着被拯救。他们会暗暗希望有人能从天而降，庄重宣布：“不，你已经足够好了！”或者，我们可能会劝说自己，要是我们取得更多成就，变得更加成功，拥有更多粉丝，那我们肯定会觉得自己更有价值，更值得被人喜爱，更称得上足够好。然而，当英雄未曾降临，或者当我们取得一些成就，却仍然感觉不够时，无价值感就会转变为抑郁情绪。哲学家韩炳哲（Byung-Chul Han）在《倦怠社会》一书中说道："抑郁症的出现表明人类在对自己发动战争。抑郁的人会抱怨'一切皆不可能'，而这种情况只会发生在一个认为'一切皆不可能'的社会中。"

对自己内心的破碎，我们总是怀有过多的恐惧和羞耻。任何不符合我们所在群体成功准则的自我，都会被我们病态化。结果，我们最终会迷失在心理学家塔拉·布莱克（Tara Brach）所说的"无价值的迷思"中。"失败随处可见，所以我们很难放下高度警惕，让自己放松下来。不论我们是否害怕向自己或他人暴露缺陷，我们都有一种感觉，如果他们知道……就不会爱我们了。"不过，产生无价值感也是人之常情。在我们繁复的人类情感中，无价值感是一种反复出现的深层模式。我们只是不想让它主导一切。

因此，为了保护自己，我们需要了解和热爱内心最深处感到破碎的那部分自我。

黏糊糊的虫子

小时候，每当我们因为一些事情心烦意乱时，爸爸总会给我们唱一首歌。我不确定这首歌是否符合21世纪的黄金育儿标准，但我认为它确实有点效果。这首歌是这样唱的：

“没有人爱我，人人都恨我。我要去花园吃虫子。又长又细黏糊糊的虫子，又短又粗毛茸茸的虫子；黏糊糊，黏糊糊的虫子。”

在心理治疗中，有一种方法叫作外化，即你创造出一个人物，用来代表你的问题。然后，你用文字去描写它，用画笔去描绘它，或者为它创作歌曲。我认为，《黏糊糊的虫子》这首歌之所以管用，就是因为它把无价值感的问题外化，并使之淡化。

现在，我们一起来做一些外化练习。花点时间闭上眼睛，用心体会自己的破碎感，也就是任何一部分感觉有瑕疵、不值得、还不够的自我。这样做可以帮助你回想起某些可能会触发无价值感的人或情境。

• 留意你身体里出现的任何觉知和感受，允许它们留在那里。你能想象这种破碎的能量具有什么形状或性格吗？花点时间想象一下这个角色的某些细节，比如它说话的语气，等等。

• 现在，如果这个角色愿意的话，你可以让它吐露出内心最深处的愿望。也许它想要分享的是一首歌、一种声音或者一个动作。或许你能在自己的破碎感中体会到愤怒的力量或想要抗议的冲动。

• 如果你要带着自己的破碎感走上街头抗议，那么你会在横幅或夹板广告牌上写些什么呢？我知道我会写什么："离我和我的孩子远点。我们已经够好了。"

这个练习可能会让你感觉有点震撼和激动。不过没关系，我们感觉破碎的那些自我通常都被埋藏得很深。它们就像受惊的小动物一样，一旦暴露在光线下，就会颤巍巍地发抖。如果你确实感觉身体摇摇晃晃的，可以花一点时间去感受双脚踩在地面上的感觉。

还有一个有效的办法，你可以想象把自己脆弱的部分放回身体里，就像把一个精灵放回瓶子里一样，在那里面它会感到安全。想象你被爱的能量场包围。这种爱的能量支撑着你，也支撑着你内心所有辉煌而美丽的破碎。

4

给自己一份免疫协议

我亲爱的朋友，

当世界告诉你还不够好；

当你失去了神圣感；

当你们的关系变成了达成目的的手段；

当害怕失去的恐惧悄然潜入你最私密的时刻（比如在洗手间查看私人邮件的时刻）；

当你牺牲了友情、家庭、爱情和快乐，坚信只要自己再努力一点，那么下一个博客、项目、电影、生意一定会给你带来应得的成功和认可；

当你注意到一条狡猾的小蛇在你的灵魂中游走，蛊惑你去做更多，拥有更多，得到更多；

我亲爱的朋友，你已经感染了“我不够好”心理病毒。

这是你的免疫协议：

给自己灌输下面这些话，让灵魂细胞在你的身体系统中循环，消除病毒的一切踪迹——

我足够好了。

我足够好了。

我足够好了。

这就够了。

这就够了。

这就够了。

我们足够好了。

我们足够好了。

我们足够好了。

（注意：这种免疫疗法没有任何不良反应和副作用。如果你定期服用这种药物，并且确保让它渗入你的细胞里，那你的孩子一定会感激你。）

第九章

疗愈方法四：培养孩子内心的富足感

够了，够了。

有这几句话就足够了。

若非这几句话，那就是呼吸。

若非呼吸，那就是能够坐在这里。

面对生活向我们敞开的大门，

我们总是一遍又一遍地拒绝。

直到当下。

直到当下。

——大卫·怀特（David Whyte），诗人

1

我喜欢你本来的样子

弗雷德·罗杰斯（Fred Rogers）是一个腼腆害羞、胖乎乎的小男孩，他经常生病，患有哮喘、猩红热和你能想象到的所有儿童疾病。他努力想融入社会，但在学校却没有任何朋友，还被同学欺负得很惨。同龄的小孩老是追赶他，从学校一直追到家。他们不仅威胁着要揍他，还会叫他胖弗雷迪。每当一个人待着的时候，弗雷德总是会独自哭泣。

但是到了高中，事情出现了转机。

吉姆·斯坦博（Jim Stumbaugh）是弗雷德的同学，也是学校里很受欢迎的足球运动员，他因为在一场比赛中受伤而住进医院。在吉姆住院期间，弗雷德的妈妈安排弗雷德给他带作业，并且辅导他功课。两个男孩因此成为一生的挚友。后来，在吉姆的帮助下，弗雷德成功融入了校园生活。在回忆这段经历时，弗雷德写道："这让我的世界发生了翻天覆地的变化。一个人能给另一个人的生活带来多么大的变化啊。好像他曾对我说过：‘我喜欢你本来的样子。’”

这段因为真实的自己而被人喜爱的经历，让弗雷德成了美国最受欢迎和喜爱的电视节目主持人之一。他的节目《罗杰斯先生的街坊四邻》于 1968 年播出，这是第一个强调儿童社交和情感需求的节目。弗雷德与儿童心理学家合作编写的一些节目脚本，触及了影响儿童的核心问题，包括离婚、种族歧视和死亡等。这档节目为儿童和照看他们的人带来了一场安静的心理革命。贯穿弗雷德作品的核心主题是什么呢？那就是无条件的爱。在每期节目结束时，他都会说：“做自己，让今天成为特别的一天。世界上没有第二个人会和你一样，我就是喜欢你本来的样子。”

当然，也有人批评弗雷德。2007 年，弗雷德去世 4 年后，福克斯新闻频道专门用一整期节目来批评弗雷德的影响，称弗雷德是一个邪恶至极的人。在他们看来，弗雷德凭借一己之力亲手毁掉整整一代人，创造了被称为“雪花”的这代人，他们在成长过程中都相信自己是独一无二的。在雅虎问答论坛上，有一个关于弗雷德的讨论页面，是以这样一篇帖子开始的：“罗杰斯先生花了几年时间告诉那些讨厌鬼，他喜欢他们本来的样子。他本该告诉这些人，他们还有很大的进步空间……”

那么，哪种看法是正确的呢？我们的孩子可以因为“他们本来的样子”而被喜爱吗？或者，这种不够严谨的教育方式是否会导致所谓的“雪花一代”，完全无法应对这个充满复杂性和不确定性的世界呢？

2

无条件的积极关注

为了回答这个问题，让我们认识另一位罗杰斯先生——卡尔·罗杰斯（Carl Rogers），人本主义心理学的创始人，20 世纪最杰出的心理学家之一。

卡尔·罗杰斯的职业生涯开始于 1928 年，当时他入职了美国纽约州罗切斯特防止虐待儿童协会。在这里，他帮助过有各种各样情感和行为问题的儿童，从偷窃到攻击，从过度吮吸拇指到被学校拒收，问题五花八门。这段临床经历让卡尔·罗杰斯开始质疑传统疗法，也就是奉行“治疗师最了解客户情况”的疗法，是否行之有效。在与这些孩子接触的过程中，他注意到，自己所谓以人为本的疗法似乎效果颇佳。在这种疗法中，治疗师相信，“客户知道哪里痛，该朝什么方向走，什么问题至关重要，哪些经历被深深地埋藏起来”。

后来，卡尔·罗杰斯继续发展和完善他的模型。他把该模型的核心本质总结为：“无条件的积极关注。”这是指治疗师对孩子，以及他们的想法、感受和行为深信不疑。卡尔·罗杰斯称之为一种容易受骗的关怀，客户说什么，治疗师就信什么。治疗师心中不会暗藏怀疑，也不会猜测客户的实际情况可能与其讲述的内容大相径庭。这种态度并非说明治疗师愚蠢无知，反而，它是最有可能让客户对治疗师产生信任的办法。

现在来看，卡尔·罗杰斯绝非不够严谨。他的方法既严谨又科学，而且，在他的领导和启发下，大量治疗研究取得了显著的进展。

至今为止，针对治疗中什么方法有效，什么方法无效的问题，我们已经进行了半个多世纪的研究，得出的一致结论为：特定的治疗技术，如认知行为治疗（Cognitive Behavioral Therapy，简称 CBT）、正念或艺术治疗，对治疗结果几乎没有影响。然而，有一样东西已经被证实具有明确、持续且重大的影响，那就是治疗师和客户之间的关系。这种关系中最重要的特征是什么？那就是无条件的积极关注。

爱孩子本来的样子是支持孩子康复和成长的最关键因素之一。无条件的积极关注不仅仅是治疗师要做的事情。父母、老师以及任何人都可以培养这种态度。用卡尔·罗杰斯的话说，你只需“放下自己的观点和价值观，就能不带任何偏见地进入另一个人的世界”。

但是，爱一个孩子本来的样子真的那么容易吗？

当你的孩子不服管教、固执己见、以自我为中心、渴望得到关注、控制欲强、冷酷无情时，会发生什么情况呢？如果你现在感觉自己的孩子没有这些问题，那么总有一天你会发现问题的（到那时，可能光是早餐后你就已经发现三次端倪了）。请记住，孩子是一种完美的产物，天生就是来揭示我们自己的阴暗面的。当我们的阴暗面被他们曝光时，我们的爱很快就会变成有条件的爱，甚至会变成失望或仇恨。那么，当孩子们快把我们逼疯时，我们如何才能保持对他们的爱呢？

3 给孩子执着的爱

我很幸运能和许多孩子一起工作，他们帮助我拓展了爱的能力。我以前经营的治疗学校叫作“树屋”，这是一个很好听、很亲切的名字。这所学校主要是教育那些经历过复杂创伤的孩子们。这些孩子被他们原来的学校开除了，我们这里是他们最后的机会。如果我们不能照顾好他们，那他们的最终归宿不是监狱就是精神病院。在这所学校里，我们有一个“不排斥”政策。不管一个学生有多“坏”，我们都永远不会把他排除在外。即使有时候，我们的每一根神经都想要惩罚和排斥一些孩子，但因为这个政策的存在，我们还是会无条件地积极关注着他们。

我在这所学校任职大约 2 年后，有一天，有两个学生大打出手。我是其中一个叫加雷斯的小孩的负责人。当时，整个学校的人都在观战，其他孩子激动得快疯了似的。我发现自己需要先控制住加雷斯，因为 15 岁的他身高已经超过 6 英尺（182.88厘米），体重约14英石（约88.9千克），很有可能给对方造成严重的伤害。我们刚刚学习了一种新型人道控制技术，它的基础动作是使用“关爱C形”手势：把手掌摆成C形，握住某人的手腕，防止他们动手打人并造成更多的伤害。

不幸的是，在我费了半天劲儿终于把加雷斯控制住后，他设法扭动身体，连带着我一起倒在了地上。此时的我仍然绝望地用那该死的“关爱C形”手势紧握着他的手腕。躺在地上的他，用力把腿踢过头顶，脚上的靴子像手提钻一样飞来，径直打中了我的鼻子，大量鼻血喷涌而出。最后，另外两名工作人员把加雷斯给拖走了。

在任何一所“正常”的学校里，这种行为很可能会导致他被彻底退学。但在这里不会发生这种情况。我们挂在墙上的座右铭是：“孩子会在执着的爱意中恢复健康。”

事后，我去洗手间整理了一下自己的仪容，做了几次深呼吸。等我下楼时，加雷斯已经平静下来了。我决定带他绕着街区散散步，消除一下隔阂。加雷斯感到非常抱歉，我也没有把这件事情记在心上。我们俩的关系变得很融洽。我知道加雷斯的暴力和踢飞的靴子很大程度上是一种创伤反应。等到回来吃午饭时，我们已经和好了。加雷斯和我并肩走进了餐厅，其他正在吃午饭的学生纷纷震惊地抬头看着我们。一个学生刚刚把老师的鼻子弄破，半个小时后，他们竟然结伴来吃午饭了。

这件事情之后，学校的氛围发生了变化。也许，就需要用这样一个小插曲来证明我们这些成年人贯彻执着的爱的决心。

我并不是说这种程度的克制很容易做到。在工作和家庭生活中，我也有过很多次完全失去冷静的时候。但是，我分享这个故事是为了强调，当我们把自己和一种执着的爱绑定在一起时，可能会发生什么事情。

如今，我仍然和加雷斯保持着联系。你想知道他过得怎么样吗？最近，我们一起吃了一顿午餐。听说他有一份稳定的工作，还交往了一个稳定的女朋友，日子过得很好，这让我感到很高兴。我问起加雷斯在树屋学校的日子，他说："没错，那里感觉很安全，伙计。如果没有那个地方，我不知道自己现在会在哪里。"

4

爱孩子身上最难接受的东西

孩子许多带有挑衅性的行为，都可以理解为是在无意识地试探我们对他们爱的限度。想象一下，你需要步行穿过一个结冰的湖才能回家。那么首先，你会尽可能使劲地踩踏冰面，以确保它不会因为你的重量而破裂。

当发现孩子在挑衅我们时，我们有两个基本的选择：拒绝他们或者爱他们。拒绝他们的表现可能是责骂他们、羞辱他们、贿赂他们、威胁他们，以及让他们去淘气角罚站或者送他们去寄宿学校。我们每个人都有自己收回爱的方式。我们毕竟只是凡人。有时，我们需要把自己的内心关闭一会儿，进行自我保护，后退一步来重新评估情况，尤其是在孩子的挑衅行为特别严重的时候。请不要因为自己情绪失控（我们都会如此）、大声说脏话（我们都会如此）和希望有一个不一样的、更优秀的孩子（我们都会如此）而评判、责备或羞辱自己。但重要的是要记住，我们的孩子是我们自身阴暗面的映射。通常，我们不是在对面前的孩子做出反应，而是在对我们投射到孩子身上的形象做出反应。正如女作家阿娜伊斯·宁（Anaïs Nin）所说："我们看不到事物的本来面目，我们看到的是自己的投影。"

当孩子挑衅或淘气时，我们投射到他们身上的形象会被我们尚未解决的阴暗面所浸染。关闭内心会让我们失去治愈自己的可能。而且，我们有可能会成为传播"还不够"的病毒的载体。这并不意味着我们永远不会去纠正孩子的行为。我们当然需要去纠正，但我们需要从充满爱的地方开始着手。

你知道治愈孩子心理问题最有效的方法之一是什么吗？那就是不要试图去修复它们。我知道这似乎很难令人相信，感觉既天真又充满理想主义。但以我的经验来看，事实确实如此。那句古老的格言"你所抵抗的，会持续存在"中蕴含着诸多智慧。冥想导师拜伦·凯蒂（Byron Katie）写道："我热爱现状，并不是因为我是一个专注精神世界的人，而是因为我与现实争辩时会受到伤害。"在抚养孩子方面，这种感觉尤其明显。当我们争论孩子的真实情况时，就会给双方都带来痛苦。

最重要的是，孩子的症状需要爱来缓解。前面讲到的两位罗杰斯先生都是对的。

爱孩子身上最难接受的东西

这个简单练习可以帮助你不带任何偏见地进入孩子的世界。(练习也同样适用于伴侣、父母、同事、老板等任何人！)它改编自拜伦·凯蒂《爱其如是》一书中的一个练习。

把下列问题的答案写下来：

1. 回想孩子身上令你难以接受的一个方面。其中的哪些点会引发你最强烈的反应？

2. 关于孩子令你难以接受的方面，你是如何进行描述的？把所有深藏心底的评价和怨恨都写在纸上。例如，如果你的孩子拒绝听你说话，也许你会告诉自己，他们很“烦人”，很“固执”，“有点专横”，“就像他们的爸爸一样”，或者他们“需要好好修理一顿”。也许你对孩子难以接受的方面的描述，也是对你自己的描述：“我是一个糟糕的家长。”或者“没人听我的话。”

3. 你希望他们如何改变？你希望他们有什么不同/做什么不同的事情？

4. 在想到孩子令你难以接受的方面时，你的身体会有什么感觉？你能允许这些感觉存在吗，就一会儿？

5. 想象一下，放下有关孩子令你难以接受的方面的描述。

a. 如果没有这些描述，你会怎么看待自己？

b. 如果没有这些描述，你会怎么看待他们？

6. 当你回答完这些问题后，看看接下来的几天里，能否练习与孩子难以接受的方面相处，而不去说这些问题。留意一下，如果你不去尝试治好孩子、责骂孩子或羞辱孩子，看看会发生什么。你可以：

a. 花点时间允许这些身体里的感受停留在原地。

b. 提醒自己，你已经够好了，孩子也够好了。

c. 放下任何评价。

d. 爱孩子身上存在的一切特质。

如果你能爱孩子难以接受的部分，就会有神奇的事情发生。记住，我们看到的不是孩子的本来面目，我们看到的是自己的投影。

5

终极奖励：一段充满爱的亲密关系

就算你有一颗如天空般浩瀚无垠的心，到最后也躲不开奖励和后果。有些父母认为奖励和后果是不好的，而且不接受反驳。我们有时还会隐隐期待，我们想让孩子做什么，他们自然就愿意做什么；我们想让他们什么时候去做，他们就什么时候去做。

然而现实是，孩子是一种独立自主的生物，有自己的需求和欲望。他们神经系统中很大一部分的功能就是去寻求未来的奖励，并且避免得不到奖励的痛苦。这里我说的这种情况发生在白色动机系统圆圈中，它是我们在前面章节提到的三个基本动机系统之一。白色圆圈受多巴胺驱动，贪婪的多巴胺会诱使我们去寻求未来的奖励。许多生命体中都发现了多巴胺的踪迹，甚至在水母和珊瑚中也都有它的存在。生命要进化，就需要以这种机制为动力，需要它带来的奖励和惩罚、痛苦和快乐。事实上，我们就是需要多巴胺的存在。20 世纪 50 年代，神经系统科学家做了一个实验。他们把电极植入老鼠的大脑中，阻止多巴胺释放。结果，这些老鼠就不再进食，不再进行交配，不再做任何事情。没过几天，它们就渴死了。

有趣的是，研究表明，对人类孩子来说，终极奖励就是一段充满爱的亲密关系。例如，研究显示，婴儿和母亲大脑中的多巴胺水平会随着对方的存在而发生波动。还有研究表明，当人类无法得到亲密关系这种终极奖励时，就更有可能去寻找其他容易上瘾的奖励。特别是在童年时期，如果我们没有得到正确的社会情感刺激，我们的多巴胺系统就会失控。例如，在早期发育阶段与母亲分离的大鼠，即使每天只分开一个小时，它们也更有可能进行可卡因自身给药。成瘾和创伤专家加博尔·马泰（Gabor Mate）说，所有成瘾的根源都是寻求关系的建立。

要想让孩子获得终极奖励，也就是爱的陪伴，我们成年人需要进入之前章节讨论过的“照料与结盟”的灰色圆圈。可悲的是，我们和孩子一样，沉迷于专门吸引人们注意力的数字技术，从而不断盲目地去寻求未来的奖励。我们一直都有一种感觉，认为自己还有很大的进步空间，并且总是因此而心烦意乱、焦虑不堪。这种“还不够”的感觉既深刻又具体，让我们陷入了一种努力为孩子提供终极奖励的状态。

针对这个问题有一个解决办法，那就是设定一个时间，最好是一个固定的时间，在这个时间里你可以全心全意陪孩子一起度过，不要让任何事情分散你的注意力。你可以把手机关掉，或者至少把它放在不可触及的地方。让孩子在合理范围内决定这段时间里他们想要做什么。当然，相同的基本技巧在本书的其他章节以及许多育儿方法和儿童心理学书籍中都反复出现过。所以，这听起来可能有些平淡无奇。但是有时候，我们也需要回归到最简单的事情上去，因为我们可能完全低估了这种亲子时间的力量。如果你需要更多动力去做这件事，那么我可以告诉你，这段亲子时间会带给你和孩子一样多的美好感受。因为亲密关系也是成年人的终极奖励。

6

我们必须用“胡萝卜加大棒”吗？

我们都希望孩子拥有各种各样的美好品质：行为端正、善良、专注、爱整洁、有抱负、自信、有创造力。而我接触过的大多数父母都不想过多地使用威胁、贿赂或奖励等手段。过多的物质奖励会让我们的孩子对奖励上瘾，没有好处就不愿意合作。理想情况下，我们希望他们做事的动力来自自身（内在动机），而不是来自我们强加给他们的胡萝卜与大棒（外在动机）。孩子肯定有自己的内在欲望和动机。我猜没有父母需要动用奖励图表来让孩子吃冰激凌吧。

但对父母来说，有一点很不幸，孩子的内在动机之一就是试探边界和打破规则。前几天，一个比罗丝稍大一点的表哥杰克教给她“阴道”这个词，并告诉她不应该大声说这个词（谢谢你，杰克！）。然而就在那天晚上，当邻居们坐在自家的花园里享受一顿美好而宁静的晚餐时，洗完澡的罗丝把头伸出窗外，一脸幸灾乐祸地大声叫道：“阴道！阴道！阴道！”她在试探边界、探索新领域、做一些不该做的事情时，体验到的那种天然的快乐，无须神经系统科学家解释，我们也一望即知了。

孩子们都乐于寻找快乐，追求新鲜事物，试探边界。而且，这种情况在青春期会变得尤为明显。考虑到这一点，我们无须把他们的对抗行为病态化。甚至正相反，我们越是接受孩子是独立自主的个体，有自己的需求、欲望和寻求新奇事物、试探边界的内在动机，我们就越能喜爱他们本来的样子。这并不意味着你允许他们为所欲为。后果和限制是引导孩子行为的必要条件。毕竟，现实世界中的人们是需要承担后果的。只不过，我们想用尽可能多的耐心和爱来向他们传递这些道理。现在让我们来看看如何充满爱意地运用奖励和后果。

如何充满爱意地运用奖励和后果

你的孩子可能很小，对自己的情绪或行为（或膀胱）没有太多的控制力，但他们应该得到尊重，尤其是如果你希望他们也尊重你的话。所以，你可以明智地、有节制地、慈爱地使用奖励和后果这对工具，这样你的孩子仍然会感到满足。如果在使用奖励和后果时，你自己内心感觉充盈和知足，这会对结果很有帮助。为了培养内心的富足，你可以在对孩子使用“胡萝卜或大棒”之前，尝试一下下面的咒语：

我受人尊敬。

我被人爱着。

我足够好了。

我可以免于受人评价。

这个孩子足够好了。

这个孩子不需要做任何事来赢得我的爱。

这个孩子本质上是好的。

我喜爱并接受这个孩子本来的样子。

我相信我的孩子会犯错，我相信他们有能力从中吸取教训。

• 激发孩子的内在动机。这种行为的后果真的会让你的孩子产生困扰吗？你能给他们解释一下吗？一个女孩的父母告诉我，让女儿刷牙是一件很困难的事情。可当他们真正向她说明有口臭的后果时，她也确实接受了这件事。然后这对父母决定停止唠叨她一个星期。过了几天，女孩自己开始刷牙了。

• 尝试自然后果。这种时候，我们相信生活是最好的老师。在上面的例子中，如果孩子一周不刷牙，自然后果可能是她会有口臭，学校里的朋友也会取笑她。如果孩子不愿意在外面戴帽子怎么办？自然后果就是，他会因此感冒。

• 给孩子一个充满爱且没有评价的空间，让他们可以不带任何羞耻感地对自然后果进行反思。我工作中遇到的青少年都能够非常睿智地反思使用智能手机的负面影响。支持我们的孩子进行反思，会让他们有能力学习和适应其他的生活挑战。

• 展示你的情绪。有时候，对孩子来说，最主要的自然后果就是看到你当下有多么难过。作为父母，我们无法一直保持平和快乐的心态，尤其是当孩子在做一些可能会受伤的事情时，比如跑着穿过繁忙的马路。在这些时刻，大声喝止他们，表现出你的愤怒和担心，让他们真正感受到可能发生之事的痛苦，此类做法都是完全恰当的。痛苦是一位好老师，它能够以一种强有力的方式把也许能救命的重要教训教给孩子。当然，这个观点并不是在支持父母习惯性地大声命令或体罚，而是在强调如何教育孩子做人，做一个真实的人。你可以持续关注自己的感受，并利用这种情绪能量来传达你的观点。

• 通过表扬具体的品质来奖励积极行为。如果夸一句“做得好”等于脸书的一个点赞，那么表扬具体的品质就相当于是花时间写一篇深思熟虑的评论。你可能会说：“我看到你把卧室里乱七八糟的东西都清理好了，尽管你并不是很想清理，但这种行为也表明，你是一个关心他人感受的人。”

- 如果想让孩子培养一种新的习惯或行为，那么物质奖励也会很有帮助。但是一旦这种行为培养起来，你就需要停止物质奖励，转而用口头表扬或者亲子时间，即和孩子一起做他喜欢的活动来代替。

每个孩子的反应各不相同，因此你可以尝试不同的方法。承受了很多创伤的孩子可能需要更多的“爱他们本来的样子”，因为他们可以感受任何作为威胁的后果或界限。最重要的是，对孩子来说至关重要的信息是，不管怎样，他们是被爱的。你的孩子需要知道有些行为你不能接受，但这并不意味着你不爱他们。

7

从觉得“自己不够多”到“自己不够好”，只是很小的一步

培养内心的富足感也是治愈缺失心理的重要方法之一。内心的富足是我们在面对现实生活的烦恼，面对努力确保孩子有饭吃、有衣穿、有房住的压力时，转移注意力的一种方式。就像前面章节提到的，如果卫生纸真的用完了，我们该怎么办？

要回答这个问题，我们需要弄清楚什么是足够。我们如何知道什么时候自己拥有得足够了呢？这是一个很难回答的问题。正如我们之前所探讨的那样，人类有模仿欲望，想要拥有别人拥有的东西，而且我们想要的东西会受周围世界的影响——有那么多绿色拖拉机在我们面前晃来晃去。

以玩具为例。20 世纪以前，孩子们的玩具都很少。他们可能会有一辆木头小汽车、一个拼图玩具、一只玩具熊或者一个玩偶。在古罗马时代孩子的坟墓中，就发现了由黏土、木头、象牙或布头制成的玩偶。视角快进到现代，我们会发现，大部

分儿童电视节目和游戏都是多媒体促销的帝国，让孩子对更多的东西产生渴望。几乎不会走路的小孩迷恋上了各种各样的动画角色，而这些角色也正在从电视屏幕中走出来，化身成为源源不断、数不胜数的塑料产品。

当你被无处不在的广告包围时，会很难拒绝孩子的要求，也很难让他们回归到“我拥有得足够多了”这样的简单观念当中。正如约翰·内尔什（John Naish）在他的《够了》一书中所说:“我们已被价值数百万英镑的产业所包围，这些产业越来越多地利用各种各样或在明面上、或在暗地里的说服者，来激发我们对物品的占有欲，让我们为了这些东西工作，并且购买更多的东西。我们虽然不会抱怨，但如果你受到强大组织的武力胁迫，花费所有时间和精力去追求你不需要、不想要且根本不喜欢的东西，你会感觉自己纯粹是在被迫浪费生命。”

其实这已经不是什么爆炸性新闻了，但你可能没有完全意识到它对孩子的影响。杜克大学心理学教授蒂姆·卡瑟（Tim Kasser）在物质主义对幸福的影响方面进行了海量研究。他发现，除了想要昂贵的消费品外，物质主义者（这里指更加关注财富、财产、形象和地位的人）往往不太关心也不太担心环境问题，而且更有可能感到焦虑和抑郁。相反，不那么物质化的人则更有可能善待他人，关心社区和家庭，并会依照内心根深蒂固的信念去生活。研究人员在一项研究中发现，一个家庭越注重物质主义，孩子的幸福感就越低。

对一个孩子来说，从被迫认为“自己拥有得不够多”到感觉“自己不够好”，只是很小的一步。

8 培养孩子内心的富足感

那么，我们怎样才能帮助孩子产生自己拥有得足够多的感觉，产生富足感呢？以下是我们能做到的事情。

1. 感恩。这是你能做的最重要的一件事，它可以保护你的孩子远离过度的物质主义。感恩会把我们从受多巴胺控制的白色圆圈带到灰色圆圈里。懂得感恩可以减轻儿童的压力、焦虑和抑郁，帮助我们预防创伤，改善睡眠质量，甚至还可以降低人体内的炎症水平。懂得感恩的父母才会培养出懂得感恩的孩子，而且这些孩子更有可能与他人和环境建立起积极的关系。而培养感恩习惯的最好方式是选择一天中固定的时间去进行感恩。正如我之前所说，用餐时间就是很好的时机。你可以和孩子一起练习，试着聊一聊食物在到达盘子之前必经的所有事情——阳光、雨水、土壤、农民、卡车司机、收银员等等。你可以在想象中感谢这每一环节中的各个要素。或者，你们可以简单地轮流说一件今天令你感激的事情。如果一开始，孩子们觉得这样做有点奇怪，不要强迫他们，你只需进行示范即可。注意：当你自己心怀感恩时，感恩本身的效果会更好。把一只手放在心口，可以帮助你激活自己暖心的感觉。

2. 甘地的终极问题。甘地去世前，留下了一张纸条，上面写道："回想一下你见过的最贫穷、最虚弱的人的面孔，问问自己，你考虑的这一步是否会对他们有益。"下次你在考虑给自己或孩子买东西时，问问自己这个问题。就我所知，这是对抗物质主义的最好办法。

3. 反思你与事物之间的关系。众所周知，你的孩子会模仿你的行为。专门研究儿童的营销学教授玛莎·里金斯（Marsha Richins）说过："孩子们会通过观察我们与产品的关系，来了解他们与产品的关系应该是怎样的。"你可以问自己一些有助于看清本质的问题："我是如何以及何时受到影响，想要拥有别人拥有的东西？我买东西是为了让自己开心吗？我是否牺牲了很多东西（时间、精力、快乐），只为在未来获取更多的物质？"你可以和孩子开诚布公地讨论一下这些问题。

4. 数字安息日。由于我们的欲望大多都被数字媒体所劫持，因此我们可以考虑设定一个远离电子设备的固定时间。我和家人发现最有用的办法是宣布周末的某一天为数字安息日。全家人在这天都要关闭自己的电子设备，或者遵循某项电子设备的明确使用限制。对你来说，该限制可能是不能玩游戏，不能用社交媒体，不能登录亚马逊，只准拨打紧急电话。我曾指导过一些家庭，他们的办法是把电子设备放到一个盒子里。在可以拿出设备之前，他们要聊一下这一天的感受。

9

我们都已经够好了

事实上，如果有一句咒语能让我反复想起，那它一定是那句：我足够好了。因为这句话真的很管用。悄悄地对自己重复这句话，让它把满足感的甘露带给你身体的每个细胞。当你吸气时，想象自己吸入的是“足够好”的能量。你感觉现在哪个身体部位特别需要这种提醒，就把这股能量吸入哪个身体部位。记住，你足够好了。

“我足够好了”是一个力场，它可以保护你和孩子免受那些以我们的无价值感为食的秃鹫的伤害。你能找到身体里无价值感的藏身之处吗？把这种“我足够好了”的能量吸入那个身体部位。想象一下，当你这样做时，那种无价值感就会转化成某种美丽而强大的东西，变成一道炽热的光，一片骄傲而坚韧的向日葵地。当你和孩子在一起时，让他们沐浴在这种能量中，给他们周围创造一个保护盾。

当你和孩子待在一起时，可以重复这句咒语，不过这次要把它改成“你足够好了”。然后，你可以去体会满足感的能量透过你的脸庞和身体，充盈孩子全身的感觉，而你或他们都不需要做任何事情，我们都已经足够好了。

第十章

心理根源五：情绪麻木

什么是幸福？

就是你需要更多幸福的前一刻。

——《广告狂人》中的角色唐·德雷柏

1

快乐，似乎是唯一被允许的情绪

从前，有一个叫安娜斯塔西娅的女孩，她和家人住在一座小房子里。这座房子位于一片黑暗大森林中的一小块空地上。安娜斯塔西娅的家人都很爱她，他们认为最棒的事情莫过于她能一直开心快乐。每当她面带笑容走进房间时，全家人都会为之鼓掌欢呼。可每当安娜斯塔西娅伤心或生气时，父亲就会把她送进森林里，并冲她喊道："在你找到笑容之前，不要回来！"安娜斯塔西娅不喜欢一个人待在森林里，外面十分恐怖。所以，为了回家，为了重新成为父母的乖乖女，她学会了如何装出一副快乐的样子，即使内心充满了悲伤或愤怒。就这样，她的家人还在继续为她鼓掌欢呼，可他们压根没注意到她的笑容有多么勉强。

然而，安娜斯塔西娅在 13 岁生日那天醒来后发现，不管自己怎么努力，就是笑不出来。她甚至都没法下床。她的身体仿佛变成了最倔强的骡子，完全不听使唤。多年来假装快乐让她精疲力竭。

安娜斯塔西娅如同尸体一样瘫倒在房间里，脑海中充满了悲伤和消极的念头。这时，满脸灿烂的父亲带着生日蛋糕走进了房间，努力想逗她开心一笑。可安娜斯塔西娅满脑子想的都是砍下父亲的脑袋。她不喜欢有这种阴暗的想法，但它总是不断冒出来。

母亲进来后，看到安娜斯塔西娅闷闷不乐地躺在那里，就说道："安娜斯塔西娅，你真是太不知感恩了。"此时，安娜斯塔西娅再也忍不住了。她尖叫道："我受不了这种虚假的快乐了。你们都太虚伪了，我再也不会信任你们任何人。请你们让我有自己的感受吧。"

也就是在这个时候，安娜斯塔西娅决定回到森林中，去了解她所有不同的感受。她与一只母老虎交流，母老虎解释了愤怒如何帮助她保护幼崽。她与一只树袋熊交流，树袋熊告诉她，因为兄弟在一场火灾中丧生，他感到非常难过。就在她和这些动物交流的过程中，安娜斯塔西娅明白了自己的感受真的很重要。她学会了照顾自己的情绪，把它们当作宝贵的花朵。

回到家后，安娜斯塔西娅把在森林里学到的一切告诉了家人。多亏了安娜斯塔西娅的诚实和勇气，她的家人明白了他们也可以不再一直假装快乐。当他们敞开心扉谈论各自不同的感受时，全家人都发现他们有了更多的力量，也开始更加信任彼此。

2 痛苦可以逃避，但不会消失

我曾经给成年人上过一节关于情绪智慧的课。作为课程的一部分，我设计了一个名为“情绪阵容”的练习。首先，我组织大家简单讨论了不同的核心情绪。然后，我让小组成员想象有一条无形的线穿过整个房间。如果他们感觉某种情绪是完全积极的，就站在这条线的一端。反之，如果他们感觉某种情绪是完全消极的，就站到这条线的另一端。

接下来，我会喊出一个表示情绪的词汇，并要求小组成员不要花太多时间思考答案，凭借直觉站在他们认为适合这种情绪的位置。当我喊出“幸福”时，几乎所有人都站到了这条线积极的一端。“悲伤”这个词得到的评价则更多是褒贬不一的，有些人认为它是积极的，但大多数人倾向于选择消极的一端。但当我喊出“愤怒”或“恐惧”时，几乎所有人都站在了消极的一端。

事实是，即使我们以为自己对所有的情绪都一视同仁，但我们的行为表现却是另一回事。在现代生活中，我们倾向于追求幸福，并且主动避免或抑制负面情绪。如果这些情绪意外从身体里冒出来，我们可能还会感到羞愧。

想想这个问题：每天，你平均会花多少时间、注意力、金钱或精力让自己感受内心的愤怒、恐惧或悲伤？对大多数人来说，我猜答案是：没有多少。当这些感受出现时，我们就会像麦奎格先生在他漂亮的菜园里看到彼得兔一样，一边大喊“抓小偷”，一边把它们驱赶出去。

现在，你会花多少时间去努力变得快乐呢？这是一个有点棘手的问题。我们并不总能意识到自己追求的是幸福，但我们诸多日常行为的背后都隐藏着我们对幸福的追求。看看下面这个清单，当你想做这些事情时，脑海中是否会浮现这样一句话：“当……时我会很高兴”。

1. 我去健身房。
2. 我让孩子们上床睡觉。
3. 我冥想。
4. 我买了一件新外套。
5. 我完成了那件工作。
6. 我去度假。

但这种对幸福的追求存在一个大问题，因为感情就像滑溜溜的鳗鱼：你越是追逐它们，它们就越要溜走。正如威廉·布莱克（William Blake）在他的诗《永恒》中所写：“谁想要紧抓快乐不放，就是把展翅的人生毁光。而谁亲吻飞掠的快乐，就是在永恒的日出里生活。”过度强调幸福的另一个问题在于，无论孩子还是成年人，我们并非生来就一直快乐。我们天生就有一系列面对世界的情绪反应。孩子们会害怕、会害羞、会生气。当他们得不到想要的东西时，嘴角会下垂。当他们品尝到令人惊讶或恶心的东西时，鼻子和脸会皱成一团，这样所有人都能清楚地看到他们的感受（他们把食物吐到地毯上也是一样的道理）。当然，孩子们会变得快乐，有时甚至会欣喜若狂。

但是，我们现在有一种普遍但并不全对的想法：快乐是人唯一值得拥有的情感。当感受到除幸福以外的任何情绪时，我们往往会用其他东西麻木自己或者转移注意力，这样的东西可能是食物、酒精、购物、社交媒体、心灵鸡汤、工作或者剧烈运动。心理治疗师弗朗西斯·韦勒（Francis Weller）说，“情绪麻木”已经成为我们现代文化的原罪之一。

以延长哀伤障碍为例，在心理健康领域的精神病学手册《精神障碍诊断与统计手册（第 5 版）》（DSM-V）中，对该病症有最新诊断说明。现在，在亲人去世后 6 个月或更长时间里仍表现出悲伤迹象的人，可以被诊断为延长哀伤障碍，甚至可能需要药物治疗。这与古代犹太人的哀悼传统形成鲜明对比。当一个孩子失去父母时，他们会进入一个以社区为基础、长达 1 年的哀悼期。在此期间，他们禁止理发，且要定期进行祈祷。人们会去哀悼者家拜访，以示支持。同时，大家会帮助哀悼者建立更深的精神联结。

我们的情绪可以给我们传递重要的信息，告诉我们周围的世界未能满足我们最基本的需求。如果我们选择逃避和麻木，就会失去从丰富多彩的情感生活中学习的能力。继而，我们会与自己的灵魂失去联系，无法满足灵魂对深层归属感的渴望。

汉斯·克里斯蒂安·安徒生（Hans Christian Anderson）在《海的女儿》中写道："因为美人鱼没有眼泪，所以她承受的痛苦更多。"英国文化中几乎没有悲伤和其他不快乐情绪存在的空间。而在2008—2018年间，英国开出的抗抑郁药物数量翻了一番，达到每年7090万个处方。这种情况并不是巧合。尽管我们可能会把悲伤情绪丢进森林里，试图借此逃避痛苦，但这些情绪不会简单地消失。因为它们是我们作为人的基本组成部分。

3

过度警觉的心理健康意识

我写这篇文章时，正值英国的心理健康意识周。每个拥有相关平台的个人和组织都在利用这个机会为他们的事业提高知名度并筹集资金。我对这个领域很了解，因为我自己经营着一家心理健康慈善机构。

对心理健康更加了解意味着什么？如果是让人们思考并为那些正在与心理健康问题做斗争的人提供有意义的支持，那这肯定是一件好事。但是，心理健康意识也可能会使某些人正常的感受病态化。它会让人们担心自己可能有问题，却没有提供给他们正确的工具来分析自己的感受。

心理健康程度确实存在一个范围。但是，慢性衰弱型抑郁症和长期悲伤之间还是有非常明显的区别。心理学家露西·福克斯在其《失去理智》一书中非常清楚地指出："强迫症、抑郁症、双相情感障碍……这些术语已经进入社会生活，但它们尚未拥有足够的信息深度，就有了自己的生命……在人们急于去除精神疾病污名的过程中，各种正常的负面情绪和感受都被贴上了精神障碍的标签，或者至少被贴上了亟待解决的问题标签。”

现在，我想在这里明确一点：一小部分儿童和年轻人确实有严重的心理健康问题，需要专业人士的帮助。但是，当心理健康意识与一种告诉我们快乐是唯一被允许的情绪的文化发生冲突时，这就为抑郁的滋生创造了温床。

心理疾病和水痘或断腿不一样，它很难被识别出来。但这并不意味着心理疾病是虚构的。它反而表明，我们如何解读内心信号存在着很大程度的主观性。

想象一下，你是一个讨厌学校的年轻人，而你的父母刚刚经历了一场混乱的分居。为此，你感到很难过。然后，你看到一组典型的心理健康意识统计数据说，“有四分之一的女孩会在14岁时患上抑郁症”。你可能会担心：“哦，我或许有抑郁症。”接着你就会一直带着这种意识，就像带着一个过度敏感的烟雾报警器一样，每当你产生不快乐的想法或感受时，它就会响起警报。有一个很好的类比，在新冠疫情期间，特别是疫情刚暴发时，我们对病毒的任何可能症状都非常敏感，即使是最轻微的咳嗽都会让我们感到恐慌。这种现象对应的心理学术语是“过度警觉”，是指在经历创伤后，人们不断从外部和自己脑海中寻找创伤性事件可能再度发生的迹象。俗话说“求则得之”。如果你过度警觉地去扫描自己的思想，寻找自己可能有问题的迹象，以及可能出现抑郁或焦虑的迹象，那么几乎可以确定的是，你会找到自己有问题的证据。

我们越是把悲伤或愤怒等负面情绪病态化，就越会对这些情绪产生恐惧。如果我们把它们丢进黑暗森林，这些情绪就会变成恶魔、怪物、野兽，对我们林间空地的圣洁（理智）产生威胁。假如我们长期如此，它就会让我们患上心理疾病。

与过度警觉交朋友

任何时候，如果你发现自己对于自身或孩子的心理健康问题迹象高度敏感或高度警惕，下面就是给你的建议。

首先，让我们对你的过度警觉多一些同情。你产生这种心理问题迹象的过度警觉，可能是因为你有家族心理疾病史，也可能是因为你经历过离婚，遭受了损失，或者看到一些令人担忧的数据。不管是什么原因，重要的是你要温柔地看待自己的过度警觉。因为在这种警觉下面，隐藏着你对自己或孩子存在某方面缺陷、不完整的担忧。一个有效办法是给过度警觉的这部分自己赋予一个性格或形状，或者找到它的能量在身体中的位置。你能让它在那个身体部位多待一会儿吗？你能感谢它为护你周全做出的努力吗？如果你内心有这个过度警觉的部分想要寻找/发现的任何感觉或情绪（悲伤、愤怒、恐惧等），当你在身体里发现它们时，能否也温柔地对待它们。你能让这些感觉停留在那里吗？就一会儿。把一只充满爱意的手放在相应的身体部位。你多半会发现，任何负面的感觉或情绪都会变得柔和、溶解或转化成别的东西。

4

麻木的根源

你还记得第一次看到你的宝宝微笑时的情景吗？宝宝大笑时的情景呢？看到婴儿大笑是多么美好的事情啊。我们喜欢孩子快乐的样子。

当你的宝宝或孩子生气、难过、害羞或紧张时，你会有什么感觉？前几天，罗丝非常生气，因为我关掉了她最喜欢的电视节目《睡衣小英雄》。她用竹签打我的腿，让我很不高兴。

我记得我们第一次把罗丝送到幼儿园的情景。哎哟，她是边哭边叫，小脸通红。当幼儿园老师奋力把她带进教室时，她就像一只吃了类固醇的树袋熊一样，拼命抓住门框，哭喊着：“爸爸，不要丢下我！”我真的不喜欢那个场景，它把我的心都撕碎了。

我深爱着我的女儿。我非常希望她能在这个世界上感觉到安全和快乐。说真的，没有比希望你爱的人不必承受痛苦更具有同情心的事情了。我能强烈地感受到对我女儿的同情。我会尽一切努力保护她免受痛苦。而这就是我们麻木的最深根源，即我们对痛苦的厌恶。当我们拒绝承认或接受生活也是痛苦的时候，问题就来了。

现代人追求幸福的过程中存在着相同的基本问题：我们认为自己和孩子应该一直保持快乐，一旦不快乐了，我们就觉得是自己出了什么问题。

古代人通常更能适应痛苦，也许是因为他们日常生活中痛苦的事情太多了。古希腊历史学家希罗多德在公元前 5 世纪写道："这个世界上，无论在此处还是在远方，没有一个人会幸福到希望自己一遍又一遍地重活一世，而不离开人间。"

萨米·蒂米米在其《疯狂医学》一书中，精彩地阐释了现代医学的进步如何导致人们产生消除痛苦的幻想："现代医学在减轻不必要的痛苦和降低发病率方面取得了惊人的成功……但这种进步却唤醒了人们更深层的幼稚欲望和幻想，即认为所有痛苦或不愉快的经历都没有价值，只是一些我们能够也应该从人类经历中消除的东西。"

我们能为自己和孩子做的最有同情心的事情，就是培养勇气和能力去面对生活中固有的痛苦。讽刺的是，我们很可能会通过这种方式发现一种更具可持续性的幸福，正如一行禅师所言："如果你知道如何承受痛苦，你就会少受很多很多苦……幸福的艺术和痛苦的艺术总是相伴而生。"

现在，这里有一个收获自由的简单练习。

写下这个世界上真正让你生气或者难过的 10 件事。下面是我列出的清单：

1. 在格列佛世界游乐场的倾盆大雨中排队等待一次再普通不过的游乐项目。

2. 我们的思维被操纵，我们以为自己需要成就更多、拥有更多、做得更多。

3. 成长过程中感觉自己不完整的孩子们。

4. 即使车流很慢，人们也不愿意停车让老太太或带着孩子的母亲穿过繁忙的马路。

5. 大量激增的信息服务和社交媒体平台侵占了我的时间和大脑，让我几乎没有时间或耐心进行真正的人际交往。

6. 那些发一句“我们应该找时间见个面”的信息，然后加个句号，却从不花任何精力找时间的人（不可否认，我有时也会这样做）。

7. 有些人没有任何诚信，甚至没有任何超越常规的远见卓识。

8. 事实上，我们此生时间有限，而我们把太多时间浪费在了无关紧要的事情上。

9. 随着我们都把更多的时间花在室内和互联网上，社区意识正在消失。

10. 我女儿可能面临的未来。

亲爱的朋友，无论你的清单上有什么，我都鼓励你相信自己感受的智慧。我们将在下一章中了解到，你有时会感到难过或生气，这并不意味着你、你的孩子甚至你内心的孩子出现了什么问题。

你（内心）的孩子有时候感到难过是可以的。

你（内心）的孩子有时候感到生气是可以的。

你（内心）的孩子有时候感到害怕是可以的。

你（内心）的孩子有时候感到彻底崩溃是可以的。

我希望，我们都可以找回被那些虚假的幸福先知偷走的情绪能量，我们可以利用这种能量来创造一个虽然不一定永远幸福，但至少更加真诚且有意义的未来。

第十一章

疗愈方法五：恢复情绪感知力

蟋蟀觉得它们有责任警告每个人，

夏天不会永远持续下去。

即使在一年中最美丽的日子里，

也就是夏天向秋天过渡的时候，

蟋蟀也在散播着悲伤和更替的传闻。

——埃尔文·布鲁克斯·怀特（E B White），《夏洛的网》

1 学会迎接和倾听自己所有的情绪

我要事先为即将介绍的悲伤话题道个歉。这个话题可能会让你感觉不舒服，但请多多包涵。即使接下来的内容让你感觉非常极端，但它却能帮助你和孩子在时而狂风骤雨般的情绪世界中找到正确的方向。

在英国，大约有 7% 的儿童在 17 岁时曾试图自杀。我经常被问到的一个问题是：企图自杀是否真的是在“求救”？这个问题的潜台词是：如果他们真的不想活了，他们早就这么做了。

这不是一个容易回答的问题。谁能真正弄清楚一个服用 20 片扑热息痛的 15 岁少女是一心求死，还是在寻求关注？可能连她自己都不知道。如果企图自杀确实是一种求救，那为什么我们会觉得他们的求救信号中还有寻求关注的意思？

为了尝试理解这一点，我们来仔细看看什么是情绪，以及我们如何与孩子的情绪建立联系。我们需要帮助孩子拥抱所有的情绪，让他们不再感到孤独（像安娜斯塔西娅一样），让他们可以选择不那么极端的方式求救。

孩子是无拘无束的情绪动物。他们总是情不自禁地把自己的所有情绪都流露出来。婴儿一天中会多次“求救”。但是，没有人会说一个哭泣的婴儿在“寻求关注”。这是为什么呢？因为我们认为他们没有能力操控我们，认为他们不会主动选择某种情绪来满足需求。那么，在生命的哪个阶段，孩子会开始把自己的情绪当作操控的工具呢？

大约 15 年前，我在一家青少年心理康复机构工作。这个机构主要是治疗患有慢性或急性心理健康问题的年轻人，比如需要强制喂食的骨瘦如柴的女孩，企图自杀、需要接受全天候监视的男孩。这个机构有一支由资深精神病学家、心理学家、家庭治疗师和护士组成的庞大团队。精神病学家在团队中显然处于最高地位，而我只是一名社工。在我的第一次临床会议中，我们谈到了一个拒绝服药的年轻女孩。每当护士走近时，这个女孩就会扑倒在地，歇斯底里地尖叫。高级护士在会议中说了一句：“她这样做是故意的。”精神病学家听后严肃而权威地点了点头。

我听出了这句话背后的潜台词：这个孩子是自己选择了有问题的情绪或行为。我理解他们的逻辑：他们想帮助这些孩子认识到自己是有选择的，想让孩子去选择那些非故意的行为。于是我问道：“你的意思是他们掌控着一切，而且他们应该更清楚自己的情况？你是怎么知道他们是故意这么做的？”一瞬间，房间里一片寂静。

这个问题没有得到任何回答。确实，这个问题不好回答，就像“青少年企图自杀是否只是一种求救还是有操控的意思”这个问题不好回答一样。但即使孩子是在表演，那也只是因为他们还没有学会用更好的方式来表达自己的情绪，让自己的需求得到满足。

2

孩子是从情绪中成长的

虽然我们通常不会认为婴儿有控制欲，但孩子成长到某个阶段，我们的观点却会发生变化。当蹒跚学步的孩子倒在超市地板上放声大哭时，我们可能觉得他们是故意跟我们作对。我们也许会因此感到愤怒或羞愧，并冲着他们大喊：“别哭了！”“戏精！”或者“你这是鳄鱼的眼泪！”当一个青少年在社交媒体上发布“我讨厌我的生活”或“我不想活了”等内容时，我们甚至会怀疑他们在利用情绪操控别人，以此寻求关注。

当然，这样的想法并非都是恶意的。作为成年人，我们很大一部分职责就是让我们的孩子表达出符合社会规范的情绪，所以一旦孩子的表达不符合规范，父母或老师为了帮助孩子融入社会，就会想要纠正这种行为，而这是完全可以理解的。但我们教孩子处理情绪的方式并不管用。有什么东西正在把孩子的悲伤或愤怒转变成抑郁，把他们的恐惧转变成焦虑，把他们的厌恶转变成自残，把他们的绝望转变成自杀。我们需要一种不同的方法来处理情绪。

现代西方文化中有一个重要假设是，成长意味着摆脱情绪化，变得更加理性、更讲道理。在这种模型中，成年人不应该有如此强烈的感受。如果有了这样的感受，我们甚至可以对他们进行诊断或者用药。正如心理治疗师亚当·菲利普斯（Adam Phillips）在他的《回归理智》一书中所写的："我们最早生活在一种理智的疯狂状态中，拥有强烈的感受和极度敏锐的感觉。我们长大是为了保护自己不受这些感受的伤害；成年后，我们把这种防御状态称为"理智"。从这个角度来看，理智开始听起来像是一个用来形容所有成年人心理状态的词，在这种状态下，我们不再是孩子，不会强烈地感知事物。如果这是我们对理智的唯一看法，那么我们确实很贫瘠。"

我们的成长模式看起来是一个逐渐变理智的模式，但是有关情绪发展的假设并不一定是普遍或真实的，而且在许多方面都存在问题。例如，我们从人类学研究中得知，像"可怕的2岁"甚至是脾气暴躁的反社会青少年这样的成长阶段，在某些文化中似乎并不存在。我们也能从科学研究中了解到，针对情绪表达，一个人在不同文化中要求可能有所不同，这些不同通常取决于个人的权力和地位。比如在日本，社会地位高的成年人往往更容易表达愤怒。在一项令人难以置信的研究中，研究人员测试了来自不同社会阶层的美国和日本参与者的炎症生物标志物水平（他们测试炎症是因为在此项研究进行之前，人们普遍认为，有证据显示愤怒会增加炎症的发生率）。结果他们发现，处于当权者位置的日本参与者会经常表达他们的愤怒，但其炎症没有增加。诸如此类的研究表明，是否能表达某种情绪的文化规则，甚至会影响我们的身体健康。

你小时候接受过哪些有关情绪表达的家庭规则吗？有人告诉过你“不要这么敏感”“大姑娘不要哭”，或者“来吧，当个男子汉”吗？

讽刺的是，抚养孩子的过程肯定会让我们这些成年人产生一系列强烈情绪。正如凯特·菲格斯（Kate Figes）和让·齐默尔曼（Jean Zimmerman）在《产后的生活：连朋友都不会告诉你的关于母亲的事情》中所写的：“有孩子后，我们会重温一遍儿时的原始情绪。我们会感受到强烈的爱意、纯粹的怨恨和愤怒，以及极度的焦虑和恐惧。我们会从一种极端情绪转换到另一种极端情绪。”

我们经常试图去控制并最终消除孩子身上的某些情绪，而这些情绪同时也会在我们身上浮现。当罗丝情绪崩溃时，我也会感受到强烈的情绪波动，尤其是在公共场所。有时我会注意到，在这种时候，内心的愤怒让我很想惩罚她的这种行为。但是，这其实是不公平的。我们之所以想要控制孩子的情绪，是因为这样我们就不必处理自己的情绪了。当然，我们还有另一种选择：帮助孩子调节情绪状态，让他们可以与情绪更好地相处。

3

情绪，为我们做了什么？

情绪是运动中的能量。世界上的某件事情（损失、威胁、奖励）会触发身体的能量反应，并指引生物（是的，动物也有情绪）做出某种行为。当一段演讲、一部电影或一首音乐触发了我们的某种情绪时，我们就会觉得它很感人。

情绪是100%自然的，可以得到有机认证。当动物产生某种情绪时，它们不会质疑它，也不会试图压抑它。如果母狮子看到一群鬣狗在接近它的幼崽，它就会露出獠牙，发出令人毛骨悚然的咆哮。母狮子在成长过程中并没有意识到，展示自己的獠牙是不合适的、幼稚的，是在寻求关注。它不需要一个治疗师、一本书或一种技巧来帮助自己疏导愤怒。

情绪会给我们传递重要的信息。我们可以说情绪本身就是在寻求关注，它们是身体发出的信号，提醒我们有某些问题需要注意。当我们对情绪不够重视时，它们往往会以更戏剧化的方式寻求倾听，比如让人患上身心疾病，甚至产生自杀念头。

而我们的孩子就像是煤矿里的金丝雀，还没有建立起成熟的情绪防御机制，他们对这个世界自然的情绪化反应包含着确凿且重要的真理。在对人类和其他动物的情绪进行研究后，灵长类动物学家弗朗斯·德瓦尔（Frans de Waal）得出结论："情绪往往比我们更清楚什么对自己有益，尽管不是每个人都已准备好倾听自己的情绪。"

情绪不是个人隐私，而是社会化的产物。它们揭示了我们人类基本的相互依赖性。我们与周围世界相连并受其影响。

情绪是一个把我们与世界紧密相连的菌丝网络。如果一个孩子感到难过或愤怒，但却没有明显的诱因，那么他们很可能是正在体会家里、学校或世界上其他人正在经历的感受。我们成年人也是一样。当我们注意到自己产生了某种情绪，但却没有在自己身上找到合理的解释时（比如，"我昨晚睡得不好"或者"我的孩子太难管教了"），这并不意味着你的大脑化学物质出现了问题。或许是你的情绪在向你发出信号，说明周围世界正在发生着什么事情。但是，我们不愿意接受自己非常容易受他人情绪影响的事实，因为这会让我们感觉自己不受控制。下次你或者你的孩子产生某种情绪时，不要去评价它，而要告诉自己："我是一个有感情的人，会被这个世界所影响。"这样可能更有帮助。

情绪是会传染的，就像大笑或打哈欠一样。你会因为遇到一个怒气冲冲的人而搞得自己一肚子气，反之亦然，你也可以通过与一个开心的人交谈而获得快乐。我经常在很多父母身上看到这样的例子。作为父母，我们可能会完全与孩子共情，尽管这会让我们更加不知所措。

我在工作中遇到过许多年轻人，他们在面对病毒式新闻事件时真的很难控制自己的情绪。因为有了 1 天 24 小时循环播放的新闻，我们只需轻轻点击屏幕，身体里就会充满那些不属于自己的情感能量。而且，我们会通过社交媒体不断地接触数十亿人如野火般迅速传播的各种情绪。恐惧、愤怒、悲痛乃至自杀意图等情绪会以光速穿越地球，入侵我们的灵魂。

在这样的氛围中，我们不知道哪些是自己的感受，哪些是别人的感受。个人情绪和集体情绪之间的屏障正在消失。我们以及我们的孩子正在被这些感受所淹没。可是，我们却很难找到关闭按钮。问题的关键在于，我们要确保能够创造出足够的空间来照顾自己的感受。

理解三种最不受欢迎的情绪

以下是三种通常不受欢迎的情绪及背后的深层目的。

1. 恐惧是在提醒我们身体或心理上面临的威胁。恐惧想要保护我们免受伤害。了解恐惧最有效的方法是把它写下来，把你害怕的东西非常具体地记录下来。这就是恐惧设置练习。困扰我们的往往是埋藏得更深的恐惧。但是，把它们写下来会给我们一种接纳和控制的感觉。

2. 愤怒是在告诉我们，无论是在体内还是体外，有某种珍贵的东西正在受到威胁，我们需要采取行动保护它。愤怒往往是恐惧的伪装。我曾经治疗过一些有愤怒问题的孩子，在他们的愤怒之下是极度的害怕，例如，他们害怕父母会分开并且抛弃他们。当我们感到愤怒时，可以问问自己："我的愤怒是需要保护什么东西？"或者"我到底在害怕什么？"

3. 悲伤是在告诉我们，我们正在失去自己珍惜的东西。它提醒我们，心灵拥有爱的能力。悲伤可以是一个信号，表明我们需要一些空间或支持来应对某一次失去。它也标志着我们周围世界中的某样东西，比如工作、人际关系、生活方式等，没有满足我们最深层的需求。

4

为感受创造一个空间

16 岁的丽莎在被男朋友杰克突然抛弃后，来到治疗室找我。她小时候已经遭遇过包括父母离异在内的一些重大创伤，所以对这类事情很敏感。

被甩后的那一周，丽莎在 ins 上刷到了杰克和同一所学校里另一个女孩的照片，这让她很受伤。于是，丽莎变得自暴自弃，开始不断检查杰克的社交媒体账户，寻找有关他新女友的更多证据。每当丽莎在网上找到更多证据、更多照片、更多杰克新恋情的细节，她就会感觉更糟糕。慢慢地，丽莎的情绪变得难以控制，以至于开始进行自残。社交媒体会诱发我们的情绪，而且因为它很容易让人上瘾，导致留给我们处理情绪的空间变得更少。其实丽莎真正需要的只是处理情绪的空间。这就是她来见我的原因。

为了创造这个空间，我们必须定期从外部世界抽离出来。因为如果我们不断地捕捉各种情绪，就没有机会帮助我们的孩子解决他们的情绪问题。对你自己来说，从这个世界抽离可能意味着要花一段时间远离电子设备。冥想、写日记或者在大自然中散步，这些都会有助于你远离电子设备。最近，我帮助一位在情绪中挣扎的客户制作了一个产生安全感的音乐播放列表。辛苦的一天结束后，她开始一边沿着河边散步，一边听这个播放列表里的音乐。这样做对她确实很有帮助，她的情绪因此获得了一些空间和宁静，而她也可以带着这种状态回到家人身边。

或者说，为感受创造一个空间可能意味着与你喜欢且能够与之舒服地分享自己感受的人进行交流。

无论你发现什么方法对你有用，关键是要设定一个明确的目标，为自己的感受创造空间，充分参与孩子的生活，帮助他们度过情绪风暴。

5

帮助孩子处理情绪风暴的四个步骤

作为一个成年人，一旦你为自己的感受创造了足够的空间，你的工作就转变为帮助孩子在惊涛骇浪的情绪世界中航行，成为他们这艘船的船长。

家庭治疗师苏珊·施蒂费尔曼（Susan Stiffelman）曾说过："沮丧的孩子需要的不是解释为什么他们得不到想要的东西，他们也不需要一个只会满足他们要求的人。他们需要的是一份慰藉，需要知道房间里有一个成年人可以帮助他们度过情绪风暴，为他们创造一个安全空间，让这些强大的情绪宣泄出来。"而这也是精神分析学家威尔弗雷德·拜昂（Wilfred Bion）所说的"容纳"。

对那些让我们感觉不舒服的感受更是如此，我们真的只是需要倾听并确认他们的感受，而不是着急去转移或消除。当然，有时候我们没时间去了解孩子的感受，这完全没问题，只要我们用来帮他们消除这些感受的方法（诱哄、转移注意力等）不会变成他们的习惯即可。心理治疗师菲利帕·佩里（Philippa Perry）说，当我们不断转移孩子对不好感受的注意力时，他们会学到一件事——“每当我有不好的感受时，最好的解决办法就是转移自己的注意力”。

我们希望可以培养孩子倾听自己感受的能力和信心，以下是四个关键步骤，它们能真正帮助孩子（和成年人）照顾好自己的感受，让他们感到安全和被理解。这些步骤对处理个人情绪很有效。当然，情绪是不固定的，处理情绪的最好方式也是不固定的。如果你使用一刀切的办法，那你的孩子会在某一瞬间意识到你是在照本宣科。他们需要的是一个人，而不是一个机器人。

1. 告诉孩子，任何情绪都是合理的。

一位刚和丈夫离婚的母亲来找我，因为他们10岁的女儿现在心情很烦躁。她问道：“我该说些什么呢？我想让情况变好一点，但她的这些感受就是没法消失。”

我回答说：“不要试图让这些感受消失。面对一次真正的失去，这是她的自然能量反应。它们都是运动中的能量。”

我建议她和女儿这样说：“这件事真的很让人难过，不是吗？我知道这有多让人心痛。我真希望能找到一根魔杖，把这一切变得更好。”

有时我们只要嘴上说希望痛苦可以消失，不用真的去做什么，就可以让事情发生变化。当孩子们的感受得到这样的认可时，他们会感觉到被理解，从而不那么孤独。

如果能以一种公开且不令人羞愧的方式给孩子的情绪下个定义，也会对他们有所帮助。例如，你可以说："这真的很难过，我看得出来你有多难过，我也感到悲伤。"这样的说法就不会让他们感到羞愧。不要把情绪强加给他们。如果你说："看你多生气。"而他们回道："我不生气！"你也不要与他们争论这个问题。

如果你坚持认为孩子在他们这个年龄不应该有这些感受，或者认为他们是在操控你或者在寻求关注，那你不妨试着想象一下，一个孩子，不管有多大，内心都住着一个情绪激烈的婴儿。然后，想象你的工作就是安抚这个婴儿，使用平静的声音和方法，让他们知道自己的情绪已经被理解，而且这些情绪不是不可抗拒的。

即使从某种程度上说，你的孩子是在操控你，你也要知道，在那个阶段，这仍然是他们得到你支持的最好策略。（成年人也是如此，他们玩游戏就是在努力被看到和听到。）《每个孩子都需要被看见》的作者加博尔·马泰说过："当孩子们没有好的时机或空间来用言语表达自己的感受时，他们就会用行为来表达，就像打哑谜一样。在哑谜游戏中，你不许说话，必须用行为来传递信息。如果你来到异国他乡，语言不通，而你必须表达饥饿的意思，就只能靠表演来表达。孩子们就一直在用表演的形式来表达自己的情绪。而我们对此的反应是控制他们的这种行为。我们是在对信息的传递形式做出反应，而不是对信息的内容做出反应。所以，结果就是：

这种反应不起作用！”

2. 提问：你在哪里能感受到这种情绪？

虽然我们想帮助孩子把他们的感受用语言表达出来，但我们不希望他们只是知道这种感受的概念。记住，头脑中的概念会让我们和自己的身体分离。因此，如果孩子愿意接受，你可以帮助他们探索文字背后的身体能量。20 世纪 60 年代，心理治疗师尤金·简德林（Eugene Gendlin）将这一过程命名为“体会”。他研究了数千份治疗记录，发现那些与自己的体会保持联系的客户会有更好的治疗效果。他说：“每种不好的感受都是朝着更正确方向发展的潜在能量，只要你能给它发展的空间。”

当一个孩子说“我感觉好孤独”时，这句话里的“我”让孤独变得无法抵抗。但是，只要确定孤独在他们体内的位置，问题瞬间就好解决多了。你可以问他们：“你身体的哪个部位感受到孤独？”一旦他们找到那个身体部位，告诉他们让那种感觉留在那里。让他们把这种感觉想象成一只受到惊吓、需要安慰的动物。通常，只要允许这种感觉存在，你就会注意到事情的转变。然后，让他们描述这种体会是什么感觉。它是大是小？它的边缘是粗糙的还是光滑的？当他们体会到那种孤独感时，脑海中会出现什么画面？使用部分语言也是同样的道理。当我的客户说“我很生气”或“我很焦虑”时，我会让他们重新描述自己的感受，说“我内心有一部分很生气”。然后，我会邀请他们看看能否找到自己身体中的那个部分，并开始与它建立联系。

不过，当孩子真的很苦恼时，他们很可能做不到这一点。这时，他们就需要你稳定而理智地陪伴在身边，就像一艘船的船长一样，陪他们度过情绪的风暴。有时候，只要你有时间静静地坐在他们身边就足够了。

有时候，孩子可能会对某种感受产生很强烈的心理防御。这个时候，我们必须尊重他们的防御机制，其存在是有原因的。人类思想极具创造力。我们已经进化出最复杂的心理防御机制，用来保护自己免受情绪之苦。心理防御和身体防御的目的是一样的。刺猬有刺，可以蜷缩成一个球来保护自己免受捕食者的伤害。人类有一系列心理防御机制，包括压抑、回避、幽默、合理化、幻想和直截了当地否认。这些防御机制都充满了智慧。它们能保护我们免受心理捕食者的伤害，让我们不再被无法忍受的情绪所淹没。尊重孩子的防御机制，就如同保护他们的刺猬刺。

3. 提问：这种情绪想告诉你什么？

当孩子开始与情绪对话，他们就会发现情绪试图传递的信息。是的，这听起来可能有点嬉皮士风格。但实际上，这和你学习宝宝每一声啼哭的含义是一样的。

你可以告诉孩子，他们的情绪包含着重要的信息和智慧，你们共同的任务就是学习这些信息和智慧。要做到这一点，你可以邀请他们向体会到的感觉发问："你想教给我什么？"或者用其他适合你们的句子提问。就算没有得到答案也没关系。有时候，孩子的反应是很微妙的，之后慢慢就能理解了。有好奇心本身就是一个巨大的转变。

如果这个办法不管用，你可以尝试画出这种情绪，把它变成一个角色，并以这种方式与之交流。我曾经治疗过一个名叫圣地亚哥的男孩，他患有急性强迫症。他发现自己很难理解身体体会到的感觉，但他很喜欢画画。于是，他给自己的强迫症创造了一种角色，管他叫扎格。他把扎格画了下来，这样我们就能够和扎格沟通，并了解扎格为什么会出现在这里，以及他想要什么。这场交流引出了一个有关宇宙旅行的美丽故事。不过，简单总结就是：扎格真的很害怕，因为他的父母一直在争吵，他担心他们可能会把他一个人留在太空中的某个星球上。

4.提问:你能采取什么行动吗?

由于情绪是运动中的能量，所以有时我们可以利用它们的智慧来知晓如何行动，我称之为"情绪赋能"。我就是这样帮助凯蒂的，把她严重到拔头发的焦虑转化为表达自己感受和需求的力量。

你有过被自己经历的、读到的或听到的事情所感动，继而采取行动的时候吗？有时候孩子们需要我们帮助他们分解可采取的行动。

我们从情绪中可以学到很多东西。它们都是珍贵的礼物，

能让我们变得更亲密。它们帮助我们指明生活的方向，让我们更加理解这个世界。当世界没有满足我们最深层的需求时，它们会告诉我们。它们可以提醒我们，什么是对我们来说最珍贵的东西，什么是我们想要保护的东西，什么是我们热爱的东西，以及什么是我们终有一天会失去的东西。为了我们的孩子和他们的未来，我们要尊重这些礼物，这一点至关重要。

第十二章

心理根源六：内心混乱而暴躁

一粒种子要想长成参天大树，

必须彻底抛弃自我。

种壳裂开，让里面的东西生长出来，然后一切随之改变。

对不理解成长的人来说，这看起来就像是彻底的毁灭。

—— 辛西娅·奥切利（Cynthia Occelli），女作家

1 上瘾，是他们保护自己的一种方式

在树屋学校，我和一个名叫卡迪尔的库尔德男孩关系很好。他 15 岁，大约 5 英尺 9 英寸（175.26 厘米）高，长着一头浓密闪亮的黑发，还有一双蓝绿色的大眼睛，右眼下有一道深深的伤疤。

我见过的伊拉克难民儿童大多都经历过太多的创伤，卡迪尔也不例外。9 岁那年，他亲眼目睹了父母差点被殴打致死的场景。卡迪尔的身体几乎一直处于战斗或逃跑的状态，因为他永远不知道下一次攻击什么时候到来。他的身体无法让自己感到安全，即使现在他安全地生活在伦敦，而且家人也不再有危险。

后来，卡迪尔发现了红牛饮料。他发现，能量饮料可以让身体保持自己习惯的高度警惕状态。讽刺的是，对他来说，这种状态比放松警惕更令他安心。没过多久，他就对能量饮料上瘾了，或者更确切地说，他是对能量饮料带给他的感觉上瘾

了。当我去参观卡迪尔在伦敦北部托特纳姆的房子时，他非常自豪地向我展示了他的卧室，里面有一个他用了大约40个红牛饮料罐堆成的金字塔。这是他的红牛纪念碑，也是他交感神经系统的祭坛。我想象着它旁边贴了一个标语："永志不忘。"

有一年夏天，我们带学生去索伦特海峡进行航海旅行。像这样的旅程往往都会伴随着毒品、打架和各种恶作剧。但是，这一次旅行却是出乎意料地积极和平静。只是在回家的路上，孩子们开始变得有些暴躁。这是因为孩子们度过如此积极的旅行时光后，不得不回家继续面对充满挑战的现实生活，这让他们的内心百感交集。

在M3高速公路的一个服务区里，一切都失控了。卡迪尔设法买了几罐红牛，然后一饮而尽。他变得非常激动，而且很危险。直到我们要离开时，我才意识到卡迪尔状态不对。其他人都已经上了车，卡迪尔才出现，他眼睛发亮，嘴巴张得老大。我站在他面前，告诉他冷静下来之前不许上车。为了表示反抗，卡迪尔取出几包刚从咖啡店里拿的糖，撕开包装，把糖都灌进自己的喉咙里，然后撒腿就跑。

我赶紧去追他，就在他快要跑进高速公路的第一车道时，追上了他。我扑到卡迪尔身上，设法把他控制住。当我抓住他时，他还在咬我的手，试图逃跑。我感觉自己好像困住了一只受惊的野生动物。这就是卡迪尔，一个受到惊吓的无辜孩子。讽刺的是，上瘾是他的身体保护自己安全的一种方式。然而此时此刻，在M3公路的边缘，这些糖和能量饮料可能会要了他的命。

你可能无法理解卡迪尔身上的创伤，你也不喝红牛。但是说真的，我们都会沉迷于某种瘾来让自己处于亢奋状态。这种瘾有可能是让你肾上腺素飙升的咖啡因、剧烈运动或快节奏的网飞秀，也可能是填满了生活、让你总是处于不堪重负边缘的超高工作节奏，又或者是让你时刻保持应对危险准备的压力。尤其是压力，我们内心深处总会不由自主地被它吸引，就像扑火的飞蛾一样。问题是，虽然压力在生物学上被设计为面对危险情况的短期反应，但持续不断的慢性压力却会榨干我们的精力。而且，可以肯定的是，它对我们的孩子一定会造成影响。我们会把这种压力传递给孩子，让孩子时刻处于紧绷状态，想抓住一种瘾来保护自己。卡迪尔爱喝红牛，你的孩子可能是网瘾、游戏，或者任何一种可以让他们兴奋的东西。

2 需要感觉自己还活着

现代人们的压力比以往任何时候都大。2018 年，有史以来最大规模的人类压力影响研究显示，74% 的英国人感觉自己压力很大，而且不知所措，无法应对。常见的原因有：工作和家庭生活之间界限已经消失；我们正在失去忍受挫折的能力，期望一切都立即到来；从现实生活的困境中跳脱出来变得异常困难。

但事实上，压力并不是一种现代现象，而是一种反复出现的深层人类模式。1880 年，美国医生霍雷肖·C. 伍德（Horatio C.Wood）在他的书中描述了他治疗过的病人：这些病人都饱受精神崩溃、脑力劳动和过度劳累之苦。他在书中感叹道："这个社区超负荷工作的人员数量实在惊人……在人们对财富、名望或其他目标的热切追求中，智慧的箴言很容易被遗忘，医生的警告也很容易被忽视。事实上，大自然本身发出的警告就经常被人们忽视，那些预示着风暴来袭的细微现象往往都没有被注意到过。”

当然，我们确实需要一点压力。适当的挑战会促使我们和孩子去学习，去成长。但在有些时候，偶尔出现的正常压力会转变成慢性压力。压力会变得相当常态化，以至于我们开始渴望压力，就像卡迪尔渴望喝他的红牛一样。为什么我们会渴望一些对健康毫无益处的东西呢？这里面的原因很复杂。但其中有一个因素是，压力会让我们“感觉自己还活着”。

我们都脱离了身体，活在了大脑中。为了摆脱这种僵尸般的生活，我们的身体会想办法刺激我们的神经系统。任何能够帮助我们记住自己还活着的事情都有可能发生，比如，看《权力的游戏》、做健身训练、与人吵架、搞婚外情等。除此之外，我们每个人都背负着某种程度上尚未解决的创伤。这种创伤导致我们的身体需要保持高度警惕。如果我们不处理这个创伤，它就会把身体对“感觉自己还活着”的这种需求转变为一种强烈的欲望。

西格蒙德·弗洛伊德（Sigmund Freud）把这种现象称为“强迫性重复”。他注意到，孩子们在玩耍时会重演令他们感到痛苦的情景。而且，一些有过创伤经历的病人会强迫自己重复这种创伤，尽管这样做似乎并未给他们带来任何缓解。弗洛伊德指出，这些患者根本无法从经验中学习，相反，他们表现得好像是“被邪恶的命运所追逐，或者被某种‘恶魔般的’力量所控制”。但当我们与这种“恶魔”力量交朋友时，就可以从中发现巨大的创造性能量。是时候见见让你内心混乱的“恶魔”了。

向“混乱制造者”问好

成瘾治疗领域有一个概念叫“混乱制造者”。它是那个导致你产生强迫性压力的自我，它清楚地知道如何把一个非常平静的局面搅得乱七八糟，也知道如何制造纷争，产生混乱，让你背负太多重压。

混乱制造者在匿名戒酒会这样的12步骤康复计划非常常见。下面的练习将帮助你弄清楚自己的混乱制造者在生活的哪个方面发挥作用，这样你就可以有针对性地做出不同的选择。这些问题改编自《匿名戒酒会傻瓜式指南——针对混乱制造者》。

1. 你做的哪些事情会给生活制造混乱？这里有一些例子：

- 经常迟到。
- 过度花费。
- 同意做/承担太多事情。
- 经常丢东西。
- 虽然知道应该说“不”，但却说不出口。
- 忽视自己的责任或人际关系。
- 不在乎身体出现的问题，希望它们会自行消失或修复。

- 无端与人争执。
- 为别人的错误买单。
- 试图让某件事（或每件事）尽善尽美。

2. 当你制造混乱时，有没有体会到一种熟悉的感觉，或者轻松舒适的感觉？

3. 当事情进展顺利时，你会感到不舒服或无聊吗？

4. 如果你能把内心的混沌制造者想象成一个角色，那它会是什么样子？你想象得越夸张越好。能把它画出来更好。能与他人分享这张图片那真是再好不过了。

5. 你有没有从哪个家人身上学到了混乱的艺术？

6. 花点时间去原谅那些沉迷于某种瘾的人。这不是他们的错。

7. 花点时间原谅自己对混乱的沉迷。

8. 说出一个你沉迷于混乱后得到的积极结果。你取得了什么成就，或者你的内心混乱制造者帮你避免了什么真正的危险？对我的一个客户来说，内心混乱制造者让她挖掘出了自己更深层次的创造力。

9. 你能想出另一种获得积极结果的方法吗？一种不需要长期刺激你的神经系统的方法？

3

压力，也是一种上瘾行为

我最喜欢的压力定义来自15世纪，当时这个词被用来形容两种材料被拉向相反方向时产生的挤压力。因为究其本质，压力是指我们身处一个地方，但心里想去的却是另一个地方。例如，你遇到了交通堵塞，或者发现屋顶漏水，这些麻烦和花费都是你不想要的，或者你产生了不想要的情绪，比如在求职面试前感到害怕。

压力反应本来是保护我们的安全，为此，我们应该心存感激。有时候，我们确实需要换个地方，而不是待在原地，比如，我们正在被狮子、野火追赶的时候。当我们感知到威胁时，交感神经系统就会立即自动激活，从大脑向脊椎发送警告信号，促使我们采取行动。如果我们面对的是狮子，这里的行动就是逃跑。对动物来说，当压力过去后，压力反应就停止了。可对人类来说，我们的压力反应会一直保持开启，而且非常敏感，甚至会导致我们患上心理和身体疾病。是什么让人类这么与众不同呢？

我们的大脑很擅长讲述各种故事，让我们陷入压力和创伤的循环当中。此外，我们的大脑还是一台预测机器，会一直不断地扫描周围环境，寻找一切证明我们有可能安全或不安全的迹象。这就是精神病学家兼创伤专家史蒂芬·博格斯（Stephen Porges）所说的“神经觉”。就好像有一群焦躁不安的狐獴踮起脚尖，在我们的神经系统里吱哇乱叫。另外，经过进化的大脑还会对危险和威胁特别关注，这种情况被称为“消极偏见”。甚至连我们的味蕾也是如此：对于甜味，我们可以从两百种味道中把它分辨出来，而对于苦味（更有可能表明某种东西有毒或者对我们有害），我们甚至可以从两百万种味道中把它分辨出来。看起来，我们的消极偏见对人类的顺利生存很有帮助，因为我们能够预见并预测潜在的危险，进而可以想办法避免或克服它们。

因此，我们会对过去遇到的“狮子”一直耿耿于怀，并且会把可能出现的“狮子”拒之门外。例如，在拥挤的火车上待了一个小时后，我们可能会开始想象自己的假期计划被一个看不见的病毒毁掉，而我们爱的人会因此感染并去世，又或者病毒感染了我们的孩子，以至于整个学校的人员都被遣送回家。甚至当孩子安全舒服地躺在羽绒被里时，他们也会给自己讲一些制造压力的故事，比如第二天的考试结果会有多么糟糕，而这一切不过是因为我们陷入了压力或创伤瘾中。

向你的神经系统致敬

你准备好做一个小实验了吗？让我们看一看，当你给疲惫的神经系统一些爱时，会发生什么事情？因为，如果你的部分压力是自己想象出来的，那么你是可以把它消除掉的。

所以，让我们先缓一缓。

把你的左手放到心口处，右手放在肚子上（像这样把双手放在身体上是创伤治疗中使用的技巧）。当你把手放到心口处时，想象自己正在激活身体的同情能力。当你把另一只手放到肚子上时，向那里存在的一切恐惧或压力问声好（这个部位总会有一些恐惧或压力）。如果你觉得可以试一试，不妨对自己说："我正在邀请身体里的所有恐惧或压力留在原地。"不要试图修复或改变它，只要给它留一些空间即可。

现在，你要感谢自己的神经系统保护了你的安全。你可以这样说："谢谢你保护我。谢谢你让我记住了活着的感觉。"想象神经在向你回以微笑，一个大大的微笑，那银铃般的笑声从大脑一直延续到腹部。

4

一张照片引发的神经紧张

2020年1月，摄影师布拉德·弗利特（Brad Fleet）发布了一张照片，照片中一只试图逃离澳大利亚山火的小袋鼠，被一张有倒刺的铁丝网拦住去路，直至烧死。你可以看到小家伙被烧焦两只前蹄挂在铁丝网上，它的头从缝隙中探出来，紧咬的牙齿在灰色的身体和浩劫之后末日般的背景下显得那么苍白。后来，弗利特在采访中谈到这次拍摄时，说道：“这是一次毁灭性的打击……令人万分心碎。这只袋鼠仿佛一尊雕像一般，被时间冻结在那里……我记得当时没有听到过任何鸟叫声，也没有看到任何其他生命。偶尔，你还能闻到其他动物尸体的气味。那个场面看起来像是一场短暂的挣扎，但事实是，你根本不知道它花了多长时间试图跃过那道铁丝网。”

这张照片在网上疯传，社交媒体上的评论揭示了它强大的影响力：

“天哪，这就是世界末日。太悲惨了。”

“这张照片表达了千言万语的悲伤。”

“天哪，这太让人难过了。这是一个影响全世界的灾难性事件。醒醒吧，大家都开始关注这件事吧，我们正在摧毁我们唯一的美丽星球。”

在数百万张森林大火的图片中，为什么唯有这一张会像病毒一样传播开来呢？那是因为，一只小动物拼命逃离危险的想法击中了我们的心，唤起了我们强烈的怜悯之心。而且，袋鼠也有一些和人类很像的地方，特别是它们照顾幼崽的方式。

一张图片可以表达出千言万语，它比任何统计数据都更有力量。这张图片向人们展示了全球野火灾难的规模，引发了大家最强烈的情绪，包括愤怒、悲伤、恐惧，还有压力反应。我们感觉就像是来到了一个临界点，面对着史无前例的大火一般。

我们的神经系统与地球上 80 亿人的神经系统之间联系得越来越紧密。而这就是数字神经系统。肆虐在互联网上的情绪通常源于战斗或逃跑这两种状态，对应的是恐惧和愤怒。随着压力反应被无情戳破，我们身上背负的一切创伤都会变得更加糟糕。

我们的大脑无时无刻不在扫描和评估着自己的安全状况（神经觉）。为此，我们找到的第一个办法是通过其他人，尤其是他们的表情和声音来判断。从进化的角度来看，这个办法保护了我们。如果我看到族人焦躁不安，那么我的交感神经系统也会自动激活。正如家庭治疗师邦妮·巴德诺赫（Bonnie Badenoch）所说，每时每刻，面对每一个人，我们的神经系统都在问这样一个问题："你和我是同一战线的吗？"

现在的问题是，因为有了数字神经系统，我们的神经觉都暴露在了80亿人发出的威胁信号之下。这感觉就好像他们全都站在屋顶冲你大喊："这不安全！"这种情况也会发生在现实生活中：想想你上一次走在街上，或者坐在公共汽车或火车上，看到的那一张张精疲力竭或面无表情的脸。

如果我们的大脑已经进化到只重点关注威胁的程度，那么我们会感觉到安全吗？就好像人类已经为面对世界末日做好了准备一样。我们需要控制自己把一切灾难化的倾向，以免失去理智。尤其是我们要注意到，孩子们对于迫在眉睫的威胁的持续感知，正在加剧他们的心理健康危机。

5
拥抱对孩子有多重要?

1979 年，埃德加·雷（Edgar Rey）在波哥大的母婴研究院工作。这家医院会收治该市最贫困的人们，他们中有许多人都挤在城市周围山脚下的贫民窟里。它是整个哥伦比亚最大的新生儿医院，每年会接生 3 万名婴儿。医院的医生面临着一个紧迫的挑战。这里的保育箱严重短缺，经常出现 3 个婴儿共用 1 台设备的情况。由于过度拥挤，病患间出现了严重的感染传播问题。结果就是婴儿死亡率急剧上升，越来越多的婴儿被贫困的母亲抛弃，因为她们甚至没机会接触自己的孩子，因此觉得直接离开会更容易些。医生们面临着一个紧急挑战：如何保护这些早产儿，让他们保持温暖，防止感染，并给他们一个活下来的机会。

在寻找解决方案时，雷博士偶然发现了一篇有关袋鼠生理机能的论文。这篇论文介绍称，小袋鼠就像人类婴儿一样，出生时尚未发育完全，而且浑身光秃秃的（和人类婴儿不同的是，它们就像花生一样小）。它们都是依靠爬进母亲的育儿袋来保持温度、维系生命的。在育儿袋里，它们的体温是通过皮肤接触来调节的。

雷博士受到大自然造物的启发，指导早产儿的母亲像袋鼠一样，把孩子抱在胸口，紧贴皮肤。结果很令人吃惊。婴儿的感染率和死亡率立即大幅下降。随着越来越多的婴儿很快出院，过度拥挤的情况减少了，弃婴的数量也下降了。这就是袋鼠式护理的诞生过程。

人类和袋鼠没什么不同。如今，很多医疗服务体系都建议对新生儿进行皮肤接触。当我们与其他人密切接触时，就会产生一种安全感。触摸可以帮助我们进入自己的身体。我们会通过触摸、语调和面部表情来调节彼此的神经系统。这就是共同调节。一旦我们感觉有压力或受到创伤时，就需要进行共同调节。

6 共同调节与自我调节给孩子造成的心理差异

孩子出生时，可能会有人教导你要对婴儿进行皮肤接触式的共同调节。而且，越来越多的人在育儿时会采用这种模式。我们称其为亲密育儿法或手拉手育儿法，具体包括和孩子一起睡觉，或者在孩子崩溃时陪伴在身旁，而不是把他们送回房间。

但是，等婴儿期过后，大多数主导儿童成长的模式则变成了自我调节。其主要观点是，一个孩子应该学会调节自己的神经系统。例如，我们可以用控制哭泣来教会孩子自我安慰。自我调节不仅是我们教育子女的基础，也成了很多教育体系的基础，甚至是许多儿童心理学模型的基础，比如哭声免疫法、淘气楼梯、淘气角或暂停冷静法。

在自我调节模式中，如果孩子的情绪或行为与父母或老师的期望不符，尤其是如果孩子不听父母或老师的话，那么他们会被送到一个单独的空间里，只有当他们进行了适当的自我调节后，才能回来。在“森林”中，孩子们确实能够找到自我调节的方法。他们可能会转移自己的注意力，或者把愤怒的情绪转化为复仇的幻想。又或者，他们最多做一些呼吸或冥想来帮助自己安抚神经系统。表面上看，这些策略似乎是挺管用的。孩子夹着尾巴回来了，生活还在继续。

自我调节是我们都需要学习的一项重要技能。作为父亲和丈夫，有时候我也需要进行自我调节，防止自己把情绪发泄在所爱的人身上。问题是，当我们过于强调自我调节时，就会导致孩子们形成了一种有害的行为模式。他们在成长过程中学会了“当我心烦意乱时，当我让某人失望时，当我做错事时，我必须自己处理这些感受”。然后，他们将这种模式应用到了其他人际关系当中。

我清楚这一点是因为我就是这样做的。我习惯于让自己远离冲突，进行自我调节。问题是这样做会让我和我接触的人（或没有接触的人）之间产生情感鸿沟。自我调节会切断我们与他人的联系，让我们感觉更加疲惫（因为这样做往往需要更多能量），更加孤独。

自我调节有时可能是最好的选择，特别是当你周围的人都压力很大、生活混乱、情绪失调的时候。但当孩子们的出格行为很有可能是被周围世界（和成年人）所触发的时候，让他们去自我调节难道不是很残忍吗？

在《原动人生》一书中，作者吉恩·莱德罗芙（Jean Liedloff）介绍了在共同调节环境中长大的孩子和在自我调节环境中长大的孩子之间的心理差异：“对襁褓中的婴儿来说，适合他的感受是他的正义感，或人性本质的善良感……让他感觉自己是正确的，很乖而且很受欢迎。”她说，我们需要这种正确性。“一个没有这种感觉的人经常会觉得自己应该待在一个寂寞孤独的地方。”

所以，我们能不能让自己离淘气楼梯远一点？如果不知道如何在生活中找到与你进行共同调节的人，你不妨想一想，有没有一个与之交谈时会让你感觉完全放松的人？如果没有，你可以找一个治疗师或冥想老师。对一些人来说，他们进行共同调节的方式是在大自然中遛狗。还有许多人认为，像唱歌、跳舞，甚至即兴表演这样的集体活动也是共同调节的有效工具。

2020 年底，新南威尔士州蓝山那一片片被丛林大火蹂躏的山坡上，盛开了成千上万朵美丽罕见的粉红色法兰绒花。这些花的种子休眠了很多年，因为它们需要大火高温的炙烤，才能生根发芽，这一过程被称为熏烤。这些花的拉丁文名称是 Actinotus forsythii，意思是“放射光线”。它们盛开的样子和名字一样，宛如彩色地毯一般照亮了被大火烧毁的土地。

我们就像这些花朵一样，需要一定程度的压力才能让自己潜力的种子破壳发芽。但是，如果我们长期处于压力之下，如果山火继续肆虐，如果我们认为自己必须独自应对这些压力，那么这种宝贵的“放射光线”的能力就永远不会绽放。请记住：你就是你孩子神经系统所依赖的安全空间，有了你，他们才能在这个世界的混乱中寻得出路。

第十三章

疗愈方法六：回归平静

宽恕是紫罗兰在被鞋跟踩碎后，

散发出来的芬芳。

——马克·吐温（Mark Twain）

1

在混乱的生活中找到平静

根据考古学家的说法，我们的远古祖先很少参加战争。这听起来可能有点让人难以置信，因为我们一直以来的认知是，狩猎采集者是原始的、野蛮的。但是在《战争、和平与人性》一书中，人类学家兼和平与冲突研究教授道格拉斯·弗莱（Douglas Fry）指出，公元前10000—前5000年之间，几乎没有战争的痕迹。现代也有很多狩猎采集社会和平相处的例子，比如马来西亚的巴特克部落或坦桑尼亚的哈扎部落。在这些社会中，人们几乎不知道战争和谋杀是什么。

我们的身体保留着这种和平的记忆。它牵引着我们，用轻柔的声音对我们耳语，就像海浪轻轻拍打着我们疲惫的心灵海岸，告诉我们："事情本不必如此。"

让我们成为一名内心的考古学家，去探索一种更深层次的平静，寻找有关平静的一件遗物，一个碎片，一段记忆。你会在身体里某个感觉不到任何压力或紧张的地方找到它。平静是有可能实现的，只不过它可能不会以你想象的方式出现，而这正是我们要去探索的。

对于如何找到内心的平静，我们每个人都有不同的想法，而且内心的平静基本都要依赖于某种外在的平静。也许对你来说，内心的平静就是孩子乖乖听话、开心地玩耍或者安静地做作业的时刻。或者，内心的平静可能是雨点打在窗户上的声音，是与另一具温暖身体的卧榻缠绵，是辛苦工作一周后享用的一大杯啤酒，是看网剧时手中的一包巧克力饼干。

我们对平静的理解会影响我们真正体验平静的步伐。正如大部分的压力是来自脑海中不断浮现的各式各样的故事一样，真正的平静，与你的生活环境关系不大，而是与你看问题的角度密切相关。这并不是说你不应该采取行动改正错误，而是说你可以在孩子崩溃大哭、青少年拒绝上学或老板欺负你时寻得平静。

人们甚至可以在难以想象的苦难中找到一种平静。维克多·弗兰克尔（Viktor Frankl）是一名犹太精神病学家，他在被纳粹围捕后送入了奥斯威辛集中营。他发现自己处在一个相当尴尬的境地——成了集中营的心理医生。对一个被囚禁在死亡集中营的人来说，你能给出什么有意义的建议呢？弗兰克尔逐渐意识到，从广义上来看，集中营里有两种人：一种人选择在苦难中寻找意义，另一种人则放弃寻找。那些找到意义的人活下来的可能性更大。弗兰克尔写道："人的一切都可以被剥夺，只有一样东西除外：人类最后的自由，即在任何特定环境中选择自己的态度，选择自己的道路的自由。"

平静是一种选择，一种承诺。面对压力的时候，你可以练习说："我选择平静。"它不是魔杖，而是一种我们可以通过时间积累的力量。

你怎么看待平静？

这个快速日记练习将帮助你弄清楚哪些想法有助于构建内心的平静，这样你就可以更容易地去选择这些想法。

1. 我感觉最平静的时候是……

2. 我感觉到不平静的时候是……

3. 我相信我需要感受到平静的条件是……

4. 帮助我的孩子变得平静的事情是……

5. 不要细想，在一分钟内尽可能多地写下这个问题的答案：我在什么时候会保持平静……

6. 不要细想，在一分钟内尽可能多地写下这个问题的答案：世界何时将变得平静……

7. 现在，这里有一个重要的反思：这些信念（关于你为了感受平静而需要看到的外部世界发生的事情）实际上是如何阻碍你或孩子体验平静的？

2

毁掉“安全毯”，孩子可能更安全

《人类简史》的作者尤瓦尔·赫拉利（Yuval Harari）说，恐怖主义在如今的西方世界得到了有效的扼制，因为现代国家已经能够非常娴熟地把暴力排除在其边境之外，但是也绝对不能掉以轻心，因为“一个大空罐子里的一枚小硬币都可以制造出很大的噪声”。这个原则也适用于我们个人的恐惧。我们通过把那些让自己感觉不安全的东西丢弃到林间空地之外的森林里，来努力为自己和孩子营造安全感。但那些被排除在外的东西并没有消失，它们会以另一种形式来纠缠我们，扰乱我们的平静。

你可能买过电话手表，这是一种专为有小孩的父母设计的带定位功能的手表。有评论说：“你每时每刻都想知道他们在哪里，是否安全。”但最终，你会沉迷于追踪你的孩子。或者，你可能安装过某种安全门铃，它会向你的手机发送警报。然后，当你在圣卢西亚的天堂海滩上放松时，每次邮递员一来信，你就会兴奋不已。

我们都有自己的“安全毯”，它是我们为了舒适感或安全感而使用、相信的东西或者会去做的事情。这些事情也可能是生活的选择，比如一份稳定的工作、结婚、尽可能让孩子接受最好的教育、支付养老金、相信天堂或永生，以及坚持“世界是怎样的”信念。舒适的毯子本身没有任何问题。但是，有时候为了安全感而坚持的许多东西会导致我们做出错误选择，从而给自己和孩子带来痛苦。我帮助许多人离开了他们害怕每天去干的稳定工作和让他们痛苦的稳定关系。我认识一个人，他会花很长时间去工作，只为获得经济保障，却很少见到家人。他告诉自己，退休后会弥补家人的。但是在退休前一周，他却因心脏病发作去世了。

我们当然应该好好照顾我们的孩子，保证他们的安全。但我们对安全的强迫性追求会给内心带来持续的焦虑和过度控制，并导致我们的孩子变得更加焦虑和恐惧。阿兰·瓦兹（Alan Watts）在《不安的智慧》中说得很好：“对安全的渴望和不安的感觉是一回事。屏住呼吸就是没有呼吸。一个追求安全的社会只不过是一场屏住呼吸的竞赛，每个人都像鼓一样紧绷着，脸涨得像甜菜根一样发紫。”

我很抱歉这么说，但在某个时刻，生活会通过创伤、死亡或自然灾害来向你和孩子揭示它本质上的不安全感。想象你在海上漂流，手里抓着一个逐渐散架的救生筏。与其寄希望于它会把你带到岸边，不如学习如何游泳。

所以，你先要接受没有绝对安全这回事，生活就是不安全的。这样你才能找到更深层次的平静。一开始，当我们尝试接受这种想法时，会触发内心某处深深的不适感。对自己说："没有绝对安全这回事。"把这句话重复几次。你注意到身体里有什么感受？把一只手放在出现任何不适感的身体部位，让这种不适感知道它可以留在那里。

如果你能找到接受这个基本生活事实的办法，当有东西毁掉你的救生筏时，你和孩子就不太可能淹死。

3

帮助孩子认识到：冲突是正常的！

在一个家庭里，兄弟姐妹平均每个小时要争吵 3.5 次，父母每天要和孩子争吵 6 次，夫妻每天争吵 7 次。冲突是很正常的。我们越接受这一点，就越能找到平静。如果不能接受，我们往往就会延长冲突，把它们变成持续一生的戏码。

这样想可能会对你有所帮助：一个家庭、一个班级、一个团队中的每个人都有自己的需求。这些需求不可避免地会发生冲突。冲突只是大家对这些需求进行协商的一种方式。人们有一种天真的幻想，认为如果一段关系不全是爱和拥抱，那就是我们自己有问题，或者更有可能是另一个人有问题。但如果能了解更多信息会有助于我们放下理想化的期待。例如，研究表明，一个母亲平均只有 30% 的时间会和她的宝宝和谐相处。当他们的关系不和谐时，宝宝会非常紧张。不过这不是问题，只要母亲进行触摸、眼神交流、玩耍等行为，就可以修复这种纽带。这就是所谓的破裂与修复。

有一个真正的好消息：一天内你们的关系破裂多少次都没有关系。如果你修复了这些关系，就是在帮助孩子认识到冲突是正常的、可以忍受的、可以修复的。从主要的人际关系中学习到这一点的孩子，心理会更加健康。而且这些知识也能帮助成年人与其他人更平静地相处。当然，有时候我们需要远离充满冲突甚至暴力的关系。但是，对许多家庭关系来说，因为总觉得冲突是错误的，反而导致它的加剧和延长。

花点时间思考一下冲突。你会不惜一切代价避免它吗，还是会无意识地去寻找它？你相信自己的身体可以修复冲突吗？

请记住，这些问题没有正确答案。童年的经历会带给我们不同的冲突观。如果你和许多人一样，认为成年人的冲突是不可忍受、无法修复的，也请不要担心。在你过往的人生中，冲突可能确实是这样的。关键是要看一看，在你当下的关系中，冲突是否仍然是这样的。

一个有用的办法是，你可以这样想象一下：在与你发生冲突的人的内心，有一个年幼的他们——一个内心的小孩。大多数人认为他们可以修复与孩子的冲突，尤其是年幼的孩子。因此，如果一个人勃然大怒，变得愤怒或进入防御状态，你可以试着想象这个生气的人只是年幼的他们。这样你就不会把这个冲突放在心上了。正如堂·米格尔·路易兹（Don Miguel Ruiz）在《四个约定》中所说：“当你不把任何事放在心上时，你会获得巨大的自由。”

4

将触发点转化为跳跳虎

如今，触发点是一个有点时髦的词。“触发了”是 ins 上很火的话题。博客、视频、推特（Twitter）和帖子上都有各种触发警告。发现了一些令人反感的东西，有人可能会说：“我发现这真的会触发糟糕的回忆。”他们的意思是，发生的事情引起了（“触发了”）他们的情绪、压力或创伤反应。

越来越多的人开始了解他们的触发点，这真是太棒了。如果我们想找到一种更深层次的平静，就必须学会如何把我们的触发点变成跳跳虎。还记得《小熊维尼》中的跳跳虎吗？那只快乐、开朗的老虎。“因为它弹跳的方式，让它看起来总是更加庞大”。不要试图摆脱、修复或改变触发点，而要选择把它视为一种与你内心的跳跳虎联系起来的邀请。

当我们的触发点是自己的孩子时，将触发点转化为跳跳虎变得尤其重要。我的朋友、领导力大师尼克·扬克尔（Nick Jankel）说，我们的孩子是我们的禅宗大师，“欢迎这些充满疯狂智慧的毛茸茸的小家伙进入你的生活，并利用他们的指导将注意力集中于你想要突破挑战的地方。他们是如此爱你，会以任何可能的方式触发你所有的模式，这样你才能变得完整”。

通常，我们很大一部分情绪反应是源于早期创伤或遗传性创伤。比如，当孩子做出让你想起前任的事情时，你可能就会被触发，而你对孩子的反应和你对前任的反应是一样的。我一次又一次看到父母被他们的孩子所触发，因为他们在和孩子一样大时有过旧的情感创伤，这个创伤就变成记忆储存在了他们的身体里。

我曾经治疗过一个家庭。这家有个 7 岁的男孩，名叫安格斯。尽管他的父母非常爱他，但他却有强烈的自我憎恨情绪。不知为何，他总说“我真希望自己不存在”“这个世界上没有一个家庭想要我”。这种自我憎恨引发了他父母一连串深刻的情绪反应。

由于安格斯的自我憎恨没有明显的理由，我决定深入挖掘他们的家族史。我们发现安格斯的曾祖父曾经因为自杀，失去了妻子，这一惨痛损失让他陷入了彻底的自我憎恨之中。安格斯的父亲经常说儿子的情绪让他想起了自己的祖父。

这听起来可能有点神奇。但是如今有确凿的科学证据表明，祖先的创伤或表观遗传创伤可以遗传到第三代人。这种情况下，对安格斯的自我憎恨给出解释，能够让父母双方以一种更加充满爱的平静眼光来看待儿子的症状，将这个触发点转化为跳跳虎。

在《治愈集体创伤》中，精神导师托马斯·希伯尔（Thomas

Huebl）说，当我们的神经系统和创伤模式被触发时，我们可以通过同情地关注自己和彼此，一起“让过去恢复平静”。但是，要想做到这一点，我们必须放弃有关平静“应该”是什么样子的想法，转而开始实践心理学家塔拉·布莱克所说的“全然接受”，即愿意体验我们自己和生活本来的样子。

重要的是，全然接受并不意味着我们要放弃对世界正义的渴望。我们可以选择平静，并保持自己想要有所作为的强烈愿望。事实上，如果我们内心是愿意接纳的，那我们投入这个世界上的能量更有可能会创造平静。这就是内在平静转化为外在平静的过程。我们与自己和孩子保持平静的关系，将有助于我们创造一个更加平静的世界。

科学告诉我们如何为孩子把压力转化为平静的动力

罗伯特·萨波斯基（Robert Sapolsky）在《为什么斑马不会得溃疡》一书中强调，科学告诉我们，有四个因素可以帮助我们把压力转化为平静的动力。

1. 社会支持。这是最重要的一个因素。一个只有一段积极关系的孩子更有可能从创伤事件中恢复过来。

2. 可预测性。那些生活有规律且有边界感的孩子往往会觉得这个世界好像更易掌控。可预测性还意味着当变化即将发生或困难即将到来时，你会给出足够的警告。

3. 发泄挫败感。具体方法有锻炼、击打拳击袋，或者玩电子游戏（合作型游戏，而非竞争型游戏）。

4. 一种控制感。这一点来自我们在“根源一”中讨论过的所有好方法，包括赋能，给孩子多一点信任、多一点责任和选择，并且让他们思考自己的优势。

5 培养有宽恕能力的孩子

没有宽恕就没有真正的平静，宽恕的能力是人类心灵中最美好的品质之一。如果我们能够用宽恕而不是愤怒或责备来应对来自孩子的挑战，那么亲子关系就会更和谐。

纳尔逊·曼德拉（Nelson Mandela）被种族隔离政权囚禁了27年，但在被释放时，他并没有去复仇。相反，他选择了宽恕，并把它称为“强大的武器”，因为“它解放了灵魂，消除了恐惧”。心理学家伊迪丝·埃格尔（Edith Eger）原谅了那些在奥斯威辛集中营杀害她父母的人。她写道：“我没有时间去恨，因为如果我要恨，我仍将是一名人质或者过去的囚犯。”

宽恕每天都在你的眼皮底下发生。想想孩子在你最喜欢的地毯/沙发/外套上弄了颜料/咖喱/笔迹等行为，你是不是选择了原谅。

愤怒、痛苦和怨恨对我们的身体健康有害，会影响我们的免疫系统、器官功能和新陈代谢。斯坦福大学宽恕项目的创始人之一弗雷德·罗斯金（Fred Luskin）解释说："当你不愿宽恕时，身体会释放压力反应的所有化学物质。每次你有这样的反应时，肾上腺素、皮质醇和去甲肾上腺素都会进入体内。"这就是为什么精神导师韦恩·戴尔（Wayne Dyer）会把怨恨比作被蛇咬伤。杀死你的不是那个伤口，而是在你血液中循环的毒液。

想想哪个负面评论或哪次艰难的沟通，在其发生后很久是否仍然影响着你的想法和感受？罗斯金博士说："对于长期的怨恨，如果你每天想它 20 次，所产生的化学物质就会限制你的创造力，阻碍你解决问题。皮质醇和去甲肾上腺素会让你的大脑进入我们所谓的'无思考区'，随着时间的推移，它们会让你感觉到无助，像个受害者一样。而当你原谅别人时，你就可以把所有这些症状都抹去。"宽恕可以减少压力，改善心脏健康、睡眠和免疫系统功能，减少焦虑、抑郁和创伤后应激障碍症状。如果人们更加宽容，也就会更加平静。

那么我们如何培养会宽恕的孩子呢？好吧，这件事还得从你做起，相信你也不会对此感到惊讶了。你不能假装原谅。我接触过很多客户，他们说自己已经原谅了那些伤害他们的人，但他们身体和行为的真实表现掩饰了这一点。这是认知宽恕——我们的思想会释怀，但身体还是怀恨在心。你可能对这个人很有礼貌，甚至很友好，但是在内心深处，不管是有意识的还是无意识的，你仍然怒火中烧。更深层次的宽恕是情感上或具体化的宽恕。

每当我与父母、老师和其他成年人一起举办宽恕研讨会时，这种更深层次的宽恕总会产生最大的影响。记住一点：在贬低文化中，通常最需要宽恕的人是……你自己！

如何培养有宽恕能力的孩子？

你可以独自做这个练习，也可以和朋友或孩子一起做。

1. 回想一下给你带来痛苦、让你怨恨的人。注意：不要从你生命中最难相处的人开始。

2. 想象这个人伤害你的某个特定时刻。留意你身体里出现的感受。你注意到紧张、愤怒、痛苦、悲伤的情绪了吗？

3. 无论你注意到身体里出现了什么感受，看看自己是否能让那种感受留在那里。把一只手放在出现这种感受的身体部位，让它知道自己可以待在那里。你可能会想象，感到受伤的那部分自己是年轻时的你。诗人大卫·怀特说："宽恕就是假设一个比最初受伤害的人更强大的身份。"

4. 问问你内心受伤的那部分自己，是否有话想说，也许是一些它没能说出口的话，或者是一些没有被人听到的话。当你这样做时，注意身体会发生什么变化。你注意到身体里的柔软和轻盈了吗？

5. 现在，看看你能否找一个空间，以任何你觉得合适的方式去原谅这个人。哪怕只是承认这个人的一个优点也可以。看看你能否想办法欢迎他们回到你的心里。我真的很喜欢冥想老师杰克·康菲尔德（Jack Kornfield）的话："我现在还记得别人因为恐惧、痛苦、困惑、愤怒而伤害我、中伤我的诸多方式。这种痛苦藏在我心里太久了。只要我做好准备，我就会宽恕他们。对于那些伤害过我的人，我会宽恕他们，我原谅你们。"

当你进行这个冥想练习时，内心会冒出其他旧的创伤和怨恨。请以同样的方式欢迎它们。自我宽恕也很重要，你也可以用这个冥想练习来原谅自己——无论你是伤害了别人还是伤害了自己。

6

平静的战士

1963 年 6 月 11 日，350 名僧侣聚集在越南西贡（胡志明市）的一座寺庙里，开始分成两列队伍进行游行，领头的是一辆淡蓝色的轿车。他们抗议政府歧视佛教徒，甚至烧毁寺庙的行径。当队伍来到一个大十字路口时，和尚释广德从车里出来，后面跟着另外两个和尚。一个和尚在路中间放了一个垫子；另一个和尚从车里拿出一罐 5 加仑（约 18.9 升）的汽油。释广德以莲花坐的姿势在垫子上盘腿坐了下来。当第二个从车里出来的和尚把汽油浇到释广德头上时，游行者在他周围围成了一个圈。释广德开始冥想，吟诵经文，转动着他的木制念珠串。然后，他点燃一根火柴，扔在了自己的长袍上。顷刻间，他的整个身体被火焰吞噬。直至被烧死，他都一动不动。

当时在现场的美国记者大卫·哈伯斯塔姆（David Halberstam）写道："他一动不动，一声不吭，出奇的镇静与周围哀号的民众形成了鲜明的对比。"10 分钟后，释广德的遗体被烧得焦黑。

他仰面倒下，仍然保持莲花坐的姿势。一张“燃烧的和尚”的黑白照片出现在世界各地报纸的头版头条。释广德的抗议行为唤醒了人们对越南佛教徒困境的认知，导致了腐败政府的垮台。直到今天，它仍然象征着平静抵抗的力量。

释广德是一名平静的战士。但我们不需要身披藏红花色的长袍，更不需要去自焚。一个平静的战士不会回避冲突，而是会努力将炽热的能量转化为平静。

在我们这个充满不确定性的世界里，我们将会越来越多地接触到各种令人不安的事实，孩子也会在这种氛围中成长，但我们的孩子不需要时刻成为斗士，而是需要成为平静的战士。我们希望孩子在成长过程中感觉到，他们能够处理世界上的重大问题，坚持他们认为正确的事情，而且不会被触发点击倒。

如今有许多优秀的书籍、课程和应用程序，能够指导孩子们通过冥想找到平静。但是，如果我们只教给他们平静的部分，而不教他们“战士”的部分，等他们成年后，面对世界上如潮水般的信息和忧虑，他们的反应只会是分散注意力，脱离现实，退缩到他们喜欢的安全毯里。没错，冥想使用不当可能会成为最大的安全毯。

找到一种与令人不适的真相相处的方式，比坐在一个安静的房间里点着熏香、闭着眼睛冥想，更有可能带来平静。所以，父母的职责就是帮助孩子，根据他们的需求提出尽可能多的问题，以了解困扰他们的所有令人不适的真相。不要粉饰答案；相信他们能够处理不确定性，只要你始终如一地坚持原则。你们可以一起寻找身体里令人不适的感受，并对这种感受多一些同情。

维克多·弗兰克尔写道："发光的东西必须经得起燃烧。"现在，我们作为成年人，有责任帮助我们的孩子培养忍受燃烧的能力，这样无论他们走到哪里，都能传递出平静的涟漪。

第十四章

心理根源七：习得性无助

据说，没有一棵树能长到天堂，

除非它的根延伸到地狱。

——卡尔·荣格

1 对世界绝望的安斯利

我还记得安斯利第一次来我诊所时的情景。作为一个13岁的男孩，他看起来是那么消沉。他身材瘦小，脸上的皮肤像瓷器一样苍白，说话声音很轻柔，似乎不想与周围世界有什么联系。

安斯利是因为不愿意上课、拒绝做任何作业而被学校开除的，之后就被人介绍给我。当他妈妈送他来进行第一次治疗时，她说："他真是个好孩子。我不明白他怎么会从优等生变成被学校开除的学生。"

安斯利告诉我，在过去的一年里，他花了很多个漫漫长夜上网研究气候危机。在网上，他发现了很多来自科学家和其他可靠来源的文章和视频，讨论的内容都是有关自然灾害、饥饿、战争和社会崩溃的可能性。安斯利学到的东西越多，就越感到无助。他对气候危机日益增加的认识与他在学校的经历形成了令人痛苦的鲜明对比。他说，在学校，"每个人都在继续工作，就好像一切安好似的”。当安斯利看着老师们时，他所能想到的就是他们“太假了，带着大大的假笑，表现得好像一切都很好的样子”。可在安斯利看来，这个世界已经濒临灭绝了，而自己却无能为力。因此，无法分享绝望的安斯利选择退缩到了自己的世界里。他开始问自己一些大问题，比如：“如果大人们都不认真对待这件事，那做任何事情还有什么意义？”他陷入了虚无主义的深渊，不再专心上课和做作业。最终，他被学校开除了。

有时，我觉得自己还算是一个明智的、情感稳定的治疗师。但即使是我，也觉得与安斯利的第一次对话充满了挑战。我很想给他希望，给他一些简洁的解决问题的方法，告诉他：“一切都会好的。”我建议他将自己的无助转化为行动，可以加入一项运动。我缓和治疗的想法被他立马拒绝了。他说：“太晚了，我读过科学报告。我们现在做什么都无济于事了。”

我觉得我的治疗被卡住了，常用的工具完全不起作用。安斯利把我推到了经验的边缘。后来，我们进行过几次不和谐的谈话，每次我都尝试给他希望，但都失败了。我意识到，自己必须去挖掘安斯利产生如此绝望想法的深层原因了。

2 无须多少不愉快事件，就可以让孩子变得无助

一头成年大象可以长到 13 英尺（约 3.96 米）高，7 吨重。它们是陆地上最强大的动物，可以用脚踩死人类甚至犀牛，用鼻子推翻公交车，把树木连根拔起。但是，这样一个庞然大物却被人类驯服了。

驯象传统可以追溯到大约 4000 年前，印度河流域一些最古老的绘画和雕像对此有过描绘。在传统驯象中，驯兽师会用一根绳子把小象的腿绑在树上。开始的时候，小象为了获得自由会奋力反抗。但过了一阵，它就会放弃挣扎，接受无法逃脱的命运。然后，驯兽师会用一根粗绳代替原来的绳子，小象则再次开始和绳子做斗争。不过这时，它努力挣脱的热情已不再那么强烈。因为依然无法获得自由，小象选择了放弃。最终，粗绳会被一根绸带代替。到了这个时候，在驯兽师解开绸带前，小象哪儿也不会去，因为它已经学会了无助。

在心理学中，“习得性无助”一词指的是人类或其他动物放弃努力改善自身处境的过程。该词是由心理学家马丁·塞利格曼（Martin Seligman）于1967年创造出来的。在此之前，他主导进行了一系列现在来看似乎过于残忍的实验，其中甚至包括对狗施加电击。

在实验第一部分，所有狗都被关进箱子里，并受到电击。然后给其中一半的狗提供一个能停止电击的控制杆，另一半则不给控制杆。实验第二部分，这些狗被放到一个用小栅栏隔开的大箱子里，它们可以很轻松地跳过栅栏逃跑。接着，再次给它们施加电击。但是这一次，实验第一部分中用控制杆停止电击的狗直接跳过栅栏，逃离了疼痛。另一半的狗却消极地躺倒哀嚎，继续承受着电击。从它们的经历来看，电击和电击的停止都是随机事件，是它们无法控制的。这些狗习惯性地认为，无论它们做什么都无法逃避疼痛，于是就放弃了改善自身处境的努力。

在对一系列关于人类习得性无助的类似实验进行回顾后，生物学家兼灵长类动物专家罗伯特·萨波斯基总结道：“对人类来说，无须多少不可控的不愉快事件，就可以让他们变得无助，放弃努力。”就像上述实验中的狗一样，我们的无助按钮只需要一系列无法预测的负面经历就可以轻易开启，这些经历让我们相信自己无法控制任何事情。

反思我们的生活环境，有多少是在训练我们和孩子变得无助。很多人都忘了自己曾经多么强大，不知不觉中在放弃自己的力量。这种力量不是指你可以用脚踩扁犀牛，而是指无论你正在经历什么，无论你周围的世界正在发生什么，你都有一种天生的能力，可以找到解决问题的创造性办法。你总是有选择可以获得自由。不过，在这之前，我们先要弄清楚是什么正在按下我们的无助按钮。

3 抑郁的孩子为什么那么多？

据数据显示，抑郁症发病率在全球范围内呈现出上升趋势。1990—2017 年，抑郁症临床确诊人数增加了近 50%。英国最近的一项研究表明，如今四分之一的女孩（24%）和十分之一的男孩（9%）在 14 岁时都陷入过抑郁情绪。

过去几年里，世界上某些地方年轻人的自杀率一直在稳步上升。美国国家卫生统计中心 2018 年发布的数据显示，1999—2017 年，10 ～ 24 岁的人群中，女性每 10 万人的自杀率从 3.5 上升到了 7.5，男性从 18.7 上升到了 26。

那么该如何解释抑郁症的蔓延和自杀率的上升呢？我们必须认真考虑的一个因素就是习得性无助。习得性无助和抑郁、自杀之间有很强的关联性。电击实验中的老鼠会长时间一动不动地躺着，它们不再梳理毛发，对性行为和食物都失去了兴趣。也就是说，它们表现出典型的抑郁症状。即使把它们放到一个没有电击的全新环境里，给它们提供更多美食或娱乐选择，比如糖水或者玩具，这些老鼠也不会去尝试改善自身处境，因为它们的习得性无助按钮已经被打开了。

在 21 世纪，人类也拥有了属于自己的电击形式：1 天 24 小时，我们被不间断的坏消息循环播报包围；我们依赖专家或仪器，等着他们来告诉我们一些自己可能早已知道的事情；我们通过手机软件查看天气，却不会抬头看一眼天空。

作为父母，在教养孩子的过程中，我们也变得更加无助。我们过度依赖专家的建议，与自己的直觉、智慧和力量渐行渐远，即使内心深处知道这对孩子不起作用，但还是会努力遵循这些建议。而且，我们可能在不知不觉地教孩子也变得无助。

我们常常会过度保护孩子，希望他们不管是在家、在学校、在操场还是在更广阔的世界里，都远离一切苦难。现在的年轻人有一个称号，叫作“雪花”，意思是娇气，很容易被招惹或冒犯。我们对孩子的竭力保护正在削弱他们的力量，教导他们变得无助，弱化他们面对人人注定难以逃脱的痛苦时的应对能力。正如研究童年的人类学家大卫 · 兰西所说：“现在，我们为数不多、不可替代的后代都被当作珍宝，而不是我们未来的帮手。”

死亡、自杀以及可能面对的绝望，它们可能都是孩子即将要面对的一部分现实，孩子不可能生活在真空中。被保护在真空中的孩子，如果在其他地方遇到黑暗现实时，就无法面对令人不适的真相，从而产生无助感。

如果成年人能在黑暗中发出一点光亮，就能回答安斯利的问题。有一个简单的因素可以帮助人们度过这种深深的绝望，那就是提供一个安全空间，在那里，人们可以谈论自己以及这个世界最黑暗的部分，并给它以同情。如果成年人为孩子提供一个能够谈论他们自残和自杀想法的安全空间，就可以减少孩子的痛苦和自杀想法。有一个可以信赖的人对孩子们的心理健康来说必不可少。人们需要信任才能对生活说“是”。信任生长在坦诚、真实的关系沃土之上。

为了我们自己和我们的孩子，我们所能做的就是创造条件，让这个问题的真实答案浮出水面。我们必须在他们绝望时陪伴左右，不让他们迷失其中或者被其打倒。

4

倾听绝望的声音

我们来看一看绝望对你来说意味着什么？下面是我的一些想法。

绝望是信任、意义和信念的暂时崩溃。

绝望是意识到我们大部分的抱负就像纸牌搭的房子一样。

绝望是当安斯利开始阅读有关气候危机的书籍时，看到大人们假装一切正常。

乔安娜·梅西说，绝望是“失去了‘物种都将会渡过难关’的假设”。

绝望需要彻底的改变。

绝望是我们唯一能找到这个本质问题真实答案的地方：这有什么意义？

给绝望一个家，就是倾听它最黑暗的智慧。倾听这种智慧并不容易，因为绝望通常会告诉我们，需要发生一些深刻的改变，譬如死亡和重生。如果我们继续像往常一样生活，是不可能改变的。此外，在我们永远幸福快乐的世界里，通常视绝望为大忌，视为个人的严重失败。所以，我们往往会忽略它，导致它变成了更深层次的黑暗。

在《治愈黑暗情绪》一书中，心理治疗师米丽娅姆·格林斯潘（Miriam Greenspan）说："我们因为有绝望这一弱点而憎恨自己，因为曾经无助的经历就是绝望的一部分。当我们对此感到恐慌时，这些反应会让我们陷入所谓的抑郁状态。"

那么，我们怎样才能以一种不会压垮自己或孩子的方式避免产生无助感呢？

如何帮助无助的孩子？

首先，明确自己的意图。支持所有孩子，包括我自己的女儿，让他们感觉到自己的阴暗感受是安全的，他们不需要对此感到很害怕。你的意图是什么呢？

然后，我们可以问自己一个帮助我们进入更深层次思考的问题。这也是我在临床上经常提出的一个问题：此时此刻，我最难以接受的是什么？

花点时间想一想这个问题。对身体里出现的任何感受给予爱的关注。对待这些感受要像对待一个受到惊吓的脆弱孩子一样。允许这些感受的存在。问问这些感受，我能从你身上学到什么？这些感受不会杀死我们，它们甚至可能会救我们。

今天早上，我一问自己这个问题，一股悲伤的感觉就从腹部涌上胸口，让我满含泪水。我问悲伤："我能从你身上学到什么？"接着，一些画面如闪电一般出现在我的脑海里：我最好的朋友丹以及他自杀前三天我们的最后一次通话。我觉得，我原本可以说些什么或者做些什么来挽救他的生命。当然，人们对于这种事情的通常反应是"你无能为力"。但这是人们为了给予你安慰而说的话。令人不适的真相是，我不知道我是否能做些什么来挽救他。

我继续问这个问题：此时此刻，我最难以接受的是什么？一些其他的画面浮现在我脑海中，包括我曾经治疗过的孩子，他们对自己的生活感到非常绝望，以至于不想再继续生活下去。这些美丽、珍贵、脆弱、近乎拥有无限潜力的生命经历过如此的绝望，这件事让我难以接受。

我又问了一遍，这一次，我让这个问题更加深入我的灵魂：此时此刻，我最难以接受的是什么？这一次，一种微弱的恐惧感浮现在我心头。这种恐惧预示着我女儿可能面临的未来。我真的很难接受把我的宝贝女儿带到了这个可能不宜居住的星球。

我的答案可能和你的不一样。但我想知道，你的答案是否激起了你脑海或内心的一些反应？我想知道，你是否有一些过激的防御措施，来保护自己远离难以接受的真相？在你的防御之下，你能感觉到或承认内心深处的绝望或悲伤吗？

如果你还没有认真思考过这个问题，你可以试着把乔安娜·梅西和克里斯·约翰斯通（Chris Johnstone）的书《积极的希望》中的句子补全：

“我想象中，我们留给孩子的世界看起来是这个样子的……”

“我对未来最大的恐惧之一是……”

如果你能找到一个可以与之分享你遇到的事情的朋友，会对你有所帮助。作家兼佛教活动家玛格丽特·惠特利（Margaret Wheatley）写道：“人类许多大规模的活动——其中有一些还获得了诺贝尔和平奖——都是从朋友间互相倾诉彼此的恐惧和梦想这一简单而勇敢的行为开始的。”

后来，安斯利发现了一些人生意义。他去了一所新学校，并且与自己的黑暗部分达成了和解。这是真的。不过，我也确实不知道他后半生会是怎样的。他会继续坚持他的目标吗？他会加入气候运动组织吗？他会成为这个领域的领导者和改革者吗？或者，他会审视内心，关注社会，退出世俗？我不知道。

我能给出的最令人满意的结论其实很简单。如果我们把爱的意识带给我们最难以接受的感觉，那么这些感觉就不再那么可怕了。如果它们对我们来说不那么可怕，那么对我们的孩子来说也就不那么可怕了。我们很可能会发现，这些更黑暗的地方存在着一些至关重要的东西，它们甚至可能教会我们去肯定生命。

第十五章

疗愈方法七：点燃孩子的希望

当所有的一切都是绝望时，

希望往往会由此诞生。

——《魔戒》中的角色莱戈拉斯

1

孩子，就是希望本身

就在前几天，我无意中听到罗丝和她妈妈的聊天。

“妈妈，每个人都会死吗？”

“是的，亲爱的，每个人都会有死的一天。”

“这是不是意味着你和爸爸有一天会死？”

“是的，不过我希望这一天会来得很晚很晚。”

罗丝开始哭了。然后我看到她想出了一个新点子。她面露喜色，告诉母亲：

“有一天，我会从自己的肚子里生出一个孩子。”

罗丝通过想象拥有自己的孩子而找到了希望。你可能会觉得她太天真了，但是，这种把孩子视为希望的思想，实际上是人类根深蒂固且反复出现的一种模式。正如我们将会看到的那样，孩子给世界带来了某些充满希望的品质。

在古老的印度教经文《摩根德耶往世书》中，有一个关于宇宙末日的故事。曾经，世界上发生了一场巨大的洪水，一场毁灭人类的宇宙大洪水。一位名叫摩根德耶（Markandeya，简称摩奴）的圣人目睹了这一切："乌云遮住了太阳，闪电从四面八方袭来。连绵不断的大雨冲击着地面。七河开始上涨，四大洋开始泛滥。山一样高的海浪淹没了大地。这就是波罗拉亚（pralaya，意为'天启'），世界在重生之前的最后瓦解。"

正当他注视着这世界末日一般的场景时，摩根德耶发现，在激流中漂浮的榕树叶上有一个婴儿。这个婴儿看起来好像对全世界漠不关心，反而悠闲地踢着树叶，吮吸着他的脚趾。摩根德耶被这一景象深深感动了："婴儿神圣的微笑消除了波罗拉亚的残暴。婴儿看着他，在那一刻，婴儿同情的目光让摩根德耶相信，生活还会继续下去，世界永远不会终结，它只会改变。"

突然，摩根德耶被吸入了婴儿的体内。在这里，他发现了一个完整的世界——有天空、海洋、大地、神灵、恶魔、人类、动物和植物。随着旧世界的消亡，这个孩子的体内蕴藏着创造新世界的潜力。最终，摩根德耶意识到，这个孩子就是圣婴克里希纳（Krishna）的化身。

在这个古老的神话中，希望的种子在终点的谷底破土而出。在那一刻，圣婴克里希纳富有同情心的目光"说服"了摩根德耶：世界永远不会终结，它只会改变。

2

我们要做的只是：帮助他们实现近乎无限的潜力

“孩子成为世界的救世主”是人类历史上反复出现的神话主题。例如摩西、耶稣、荷鲁斯、哈利·波特，以及网飞电视剧《鹿角男孩》中的格斯。

卡尔·荣格认识到了这一点。他花了大量的时间来研究神话和病人梦境中出现过的儿童原型，并总结道：“孩子就是潜在的未来，代表着每个人最强大、最不可避免的欲望，即实现自我的欲望。”

就像圣婴克里希纳一样，我们的孩子拥有着创造新世界以及美好明天的潜力。他们承载着人类珍贵品质的种子——包括我们已经探讨过的所有结果，以及我们将在下面讨论的另外三种特殊品质。是的，他们可以是自私、残忍、自恋、残暴的；他们一直不断的需求可能会让我们心烦意乱。但无论他们的阴暗面有多么黑暗，我们的孩子都拥有着超越的可能性和希望的精神。

我们的孩子身上有某种神圣的东西。孩子们往往更愿意接受改变，因为他们的大脑和神经系统受这个世界影响的时间还很短。与成年人相比，他们过激的防御机制规模尚小。通常，他们所需要的只是一个值得信任的成年人，一个能够倾听他们、尊重他们、赋予他们权利并发掘他们潜力的人。这就是我选择在我的整个职业生涯中与孩子（以及那些照顾他们的人）一起工作的原因。我曾经治疗过很多被大多数人当作坏孩子而被放弃的孩子。我这样做是因为我还对他们抱有希望。我相信人是可以改变的，不管他们曾遭受过多大的伤害。事实上，为人父母最重要的一点就是，知道我们可以给孩子一些我们没有的东西，帮助他们变得比我们更好、更平静、更有爱、更有力量。

这种希望的精神会从童年一直延续到青春期，不过后者的能量更加炽烈。格蕾塔·通贝里就是一个很好的例子，她是一个已经成为希望象征的青少年。起初，她拒绝上学，因为她对未来感到绝望，但后来她发现希望足以表明自己的立场。

尽管人们对青少年的刻板印象是，他们会在黑暗的房间里待上几个小时，去听音乐、玩射击游戏，或者憎恨这个世界。但事实上，青春期是一个充满希望的发展阶段。他们相信一个更美好的世界是有可能实现的，并且是值得为之奋斗的。如果你有一个十几岁的孩子，尽管他们可能会让你生气，但我鼓励你从他们强烈的叛逆中去发现希望的种子。有时候，这种能量只是需要时间来找到一个真正的出口。

然而，我们对孩子寄予的希望也有阴暗的一面。作为救世主的孩子很容易变成问题儿童，淹没在我们期望的重压之下。在临床中，我见到很多父母认为他们的孩子是神童，并把他们送去参加极限运动训练或课外学术辅导班，直到孩子出现了焦虑症状或产生自杀的念头才意识到问题的严重性。这些症状实际上只是孩子的一种绝望请求，希望可以减轻这种重负。孩子并不是用来盛放我们未实现梦想的空桶。

不过，我不希望我们被这个阴暗面所牵制。要记住，只要我们能看到并记住我们的孩子带给这个世界的近乎无限的潜力，我们就能找到希望。从这个意义上说，希望是所有结果之母。每一天，我都能看到成年人——父母、老师、医生、护士、治疗师——在帮助孩子实现他们的潜力，这就是希望。

3 两种神圣的品质

伟大的英国浪漫主义诗人威廉·华兹华斯（William Wordsworth）年仅7岁时，他深爱的母亲就因肺炎去世了。他的父亲无法承受这种悲痛，于是把华兹华斯和他的四个兄弟姐妹送到他们的祖父母那里生活。在那段时间里，华兹华斯觉得自杀是摆脱痛苦的唯一方式。后来，在华兹华斯13岁时，他的父亲也去世了。到目前为止，这听起来都不像是一个关于希望的伟大故事。但这是华兹华斯最著名的一首诗《颂诗：忆童年而悟不朽》的背景，讲述了孩子带给这个世界的一些最宝贵的品质。

在我们婴儿时代，天堂就在我们面前展开！
牢笼的阴影却开始
在逐渐成长的儿童身边闭合，
但他还能看见那光，那光流动时，

他还能高兴地看见；
到了青年时代，一天天
远离东方，但还是把自然崇拜，
那辉煌的幻影
仍是他旅程中的陪伴；
最终，长大成人，感知幻影消散，
却消失进平常的日光中间。

华兹华斯认为，随着我们的成长，我们会失去这些品质，但孩子们可以帮助我们重新找回它们。

有两种特别的品质是孩子们带到这个世界上的，是与生俱来的，几乎不需要任何帮助就能不断发展。事实上，只有出现严重的问题，这两种品质才会消失。它们包含着最甜美的希望的甘露。而我们成年人仅仅需要花时间和孩子们在一起，就能让这些品质在我们身上再次焕发活力。这两种品质就是：玩兴和好奇心。

4 如何培养玩兴

有一张 1940 年在伦敦拍摄的照片，当时正是“二战”时期。照片中，一群大约 4 ～ 8 岁的孩子正戴着罩住整个头部的巨大防毒面具在玩跷跷板。孩子们尽情玩耍着，好像对这个世界漠不关心。你也可以在其他饱受战争蹂躏的时期或地方看到类似的画面：萨拉热窝、阿富汗、加沙、叙利亚。历史学家乔治·艾森（George Eisen）有一篇报道，介绍了大屠杀期间集中营里的儿童，其中描述了“游戏是如何不由自主地、不受控制地突然出现的”。他总结说，玩耍一定是一种本能，“一种来自孩子们灵魂深处的冲动”。

玩耍有一种魔力，它是一种坚不可摧的能量，甚至会从最悲惨的末日废墟中涌现出来。玩耍是所有生命背后的一种神奇的创造力，这种能量存在于我们每个人的内心。如果你能让它顺其自然地发展，它就会不断尝试新的形态。

我在工作中也看到了这一点。当孩子们拥有一个受保护的玩耍空间时，治愈现象就会发生。玩耍的能量可以让人们走出最黑暗的空间。圣婴克里希纳吮吸脚趾的过程就蕴含着这种能量，它提醒摩根德耶“世界永远不会终结，它只会改变”。玩耍是我们最好的学习方式；在游戏模式中，我们的战斗—逃跑—僵住的系统是关闭的。我们的身体和大脑有能力进行实验，消化新信息，从而获得成长。用动物行为专家马雷克·斯宾卡（Marek Spinka）的话说，玩耍是“为意外情况进行训练”。在游戏中，事物的意义变得流动起来——一块纸板可以变成一把剑或一朵花；一场争论可以使我们捧腹大笑或者热泪盈眶；一场危机可以变成一次重新开始的机会。当我们玩耍时，就像格雷厄姆·缪斯克说的那样，“现实的一切都暂停了”，我们会在一切事物中看到潜力。当未来充满了不确定性时，我们迫切需要培养更多的希望，因此玩耍必不可少。

那么，是什么阻碍了玩耍呢？嗯，你可能已经猜到了，就是我们——成年人。当我们过于僵化和严肃的时候，就会阻碍玩耍。随着年龄的增长，我们积累了太多的内疚、责任和压力。我工作中遇到的孩子们，他们的家庭往往都会排斥和扼制他们的玩兴。这种情况的发生有时是因为某些创伤。或者，是由于驱动型父母替孩子把大部分的自由时间都进行了规划，只因他们担心，如果不这样做，孩子会落后于同龄人。

孩子们需要没有规划、无拘无束的游戏时间，大人应少去甚至不去干预，让他们去做任何他们想做的事情。这种非结构化的游戏越多越好。事实证明，它能增加孩子的同情心和创造力，减少压力、焦虑和抑郁情绪。

如果你要和他们一起玩，那与他们保持同一高度真的很重要，也就是说，如果孩子很小，你就和他们一起趴在地板上玩。让孩子带着你玩，而你要尽可能地丢掉自己背负着的一切压力，这样你就可以毫不费力地和他们玩在一起。事实上，就像孩子们会在玩耍中释放紧张并找到治愈的方法一样，你也可以。如果你很难重新找回自己的玩乐精神，也不必太为难自己。如果可以的话，最简单的方法就是不要把每件事都看得那么认真。人总会有或大或小的事情需要担心，但通常来说，利用我们玩耍的能量来解决自己心中和这个世界上的问题是最好的办法。允许你内心的孩子去玩耍，而不要让你内心那个严肃焦虑的成年人目光锐利地监督着你。和这个“成年人”谈一谈，让他们放松休息一下。

当我们陷入困境时，只需要些许玩耍的能量，就能让我们进入一个充满可能性的世界。它不一定是一场彻底的转变，有可能只是精神一振或者茅塞顿开。它会让我想到某个画面或某个有趣爱玩的人。你想到了谁？

我办公室的墙上挂着阿道司·赫胥黎（Aldous Huxley）写下的美妙文字：

你太过努力了，周围的黑暗会蒙蔽了你。
放松一点，孩子，放轻松。学会放松地做每件事。
是的，即使你惶恐不安，也要放松心态。
让事情顺其自然，然后轻松应对。
扔掉包袱，勇往直前。

你周围都是流沙，吞没着你的双脚，
试图让你陷入恐惧、自怜和绝望。
因此，你必须走得十分轻盈。
轻轻地，亲爱的，
踮起脚尖，没有负担，
连海绵袋都没有，
完全不受阻碍。

5

唤醒好奇心

如果你曾经和蹒跚学步的孩子一起散过步，你一定会看到他们活跃的好奇心。他们经常停下来看一看、摸一摸、闻一闻，对那些你已不再关注的一切事物感到好奇——昆虫、花、草、人行道上的裂缝。有一次，罗丝被哈克尼区街上的一根路灯柱迷住了，她开始热情地舔它。

有趣的是，一个孩子充满好奇的大脑与服用迷幻药的大脑非常相似。是的，你的孩子从本质上来说也是在进行迷幻之旅。美国著名的儿童发展心理学家兼研究员艾莉森·戈普尼克（Alison Gopnik）说："婴儿和幼儿的经历更像做梦或进入迷幻之旅，而不像我们通常的成人意识。他们沉浸在几乎无法忍受的明亮和令人兴奋的墙壁、阴影、声音等事物的新奇体验中，生动地感知着一切，而不是专注于任何一件特定的事情。"

那么，如果好奇承载着希望，我们成年人该如何找回它呢？

迷幻药在大脑中会起到一种关闭默认模式网络（Default

Mode Network，简称 DMN）的作用。默认模式网络的作用是让你的大脑保持清醒有序，这样大脑中的事情就不会陷入混乱。它与自我紧密相连，因此一些研究人员称之为“自我网络”。我想象它会紧紧抓住大脑，把我们思想中相互冲突的部分集中在一起。

虽然拥有相对稳定的自我意识对稳定的生活来说至关重要，但焦虑和抑郁等诸多心理健康问题，可能也是缘于过度关注自我。如果我们对大脑控制太紧，或者如果经历了巨大的损失或严重的创伤，我们就会失去好奇心。那么，我们都需要跑到山上开始大嚼“迷幻蘑菇”吗？不。好消息是，我们可以通过许多其他办法获得好奇心。一种办法是领悟那句古老格言的奇妙真理——寻找，你就会找到。在你下一次平凡的出行中，比如去超市或坐公交车，设定一个目标，去寻找一些不同的、不寻常的、令人惊讶的或美丽的东西。

另一种让我们摆脱烦恼、接触好奇的方法是，让孩子与我们分享他们对这个世界以及日常生活中美好神奇事物的自然迷恋。人行道上的裂缝中会长出鲜花；人们的脸很神奇；古老的经文中记载着他们祖先最不可思议的故事；甚至你的身体也是个奇迹：这个由数万亿个细胞组成的群落是如何跳舞、奏乐、做爱、写字的？

成年人和孩子在一起可以保持彼此的好奇心，正如卡森注意到的那样：“如果一个孩子要保持他与生俱来的好奇心，他需要至少一个成年人的陪伴，与他分享这种感觉，和他一起重新发现我们所生活的这个世界的快乐、兴奋和神秘。”

让你的孩子打开你的眼睛、你的思想和你的心灵，去发现你周围可能出现的奇迹。弗兰兹·卡夫卡（Franz Kafka）说过:“一个人拥有欣赏美的能力，就永远不会变老。”

6

希望是可以习得的

马丁·塞利格曼及其团队在进行习得性无助实验时，通过对那些可怜的小狗施加电击，并对人类进行其他测试，从而观察这些生物是多么容易放弃希望。实验过程中只有一件事他们是无法解释的——一些人类实验对象并没有放弃。

塞利格曼和他的团队对这种异常现象感到很困惑，并开始研究这些充满希望的人有什么不同之处。在进行了大量研究后，他们发现了一个比其他任何因素都更能预测希望的因素——解释方式。用马丁·塞利格曼的话说："虽然你不能控制你的经历，但你可以控制你对经历的解释。"这些人认为困难是暂时的、局部的和特定的。他们没有责怪自己，也没有得出"生活将永远艰难"的结论。他们相信自己有影响力，因而能够创造性地、灵活地思考如何解决自己所面临的问题。他们的态度被称为"习得性希望"。这里的关键词是"习得"，意思是我们可以自己学习这些工具，并把它们教给我们的孩子。

如果我们预测世界将会毁灭，而对此无能为力，那么猜猜会发生什么事情？我们会选择放弃，就像电击后的狗一样。然而，如果我们承认世界上有苦难，但也相信我们的行动很重要，那样会发生什么呢？我们会拥有希望，也更有可能采取积极的行动。

这很好地引出了习得性希望领域的另一个见解，那就是关于小行动的力量。如果我们只重视重大的、戏剧性的、改变世界的行动，那么我们可能会感到不知所措和绝望。改变世界是一项艰巨的任务。但是如果我们把注意力转移到微小的行动上，转移到我们知道自己能做到且会带来改变的事情上，不管这些事情有多小，我们都能浇灌希望的种子。女作家丽贝卡·索尔尼特（Rebecca Solnit）写道，希望就是“相信我们所做的事情很重要，即使它如何重要、何时重要，它可能会影响谁、影响什么事情，这些都不是我们事先能知道的……历史上有很多人，其去世后的影响力才最为强大”。

当一个人选择善良，当一位父母选择治愈他们的创伤，当一个孩子站起来反抗霸凌——这些个人行为会向四面八方扩散涟漪。特蕾莎修女明智地说，我们不能都做拯救地球这样伟大的事情，但我们都可以带着大爱做一些小事。当你感觉被世界压垮的时候，永远不要低估小行动的力量。

每天早上，当我经过我们当地的交通安全员时，我都会被他们这种小行动的力量所鼓舞。无论是倾盆大雨还是阳光灿烂的日子，无论过马路的是一个生闷气的少年还是一群叽叽喳喳的小孩，交通安全员都在那里，永远面带微笑。我看得出他们非常认真地做着自己的工作，帮助孩子们穿过繁忙的马路。我很感激世界上有像他们这样的人。

将你的愿景变为现实

这个练习源于习得性希望研究，它与挖掘积极的想象力相关。宇宙学家卡尔·萨根（Carl Sagan）说：“我们为孩子提供的愿景塑造了未来。重要的是那些愿景是什么。通常，它们会成为自我实现的预言。梦想就是实现愿景的地图。”那些想象积极结果的人比想象消极结果的人更有可能坚持下去。你所需要的只是5分钟、一支笔、一些纸，很可能还有一杯茶。你可以独自完成，也可以和你的孩子一起做这个练习。

1. 写下生活中或世界上让你或你的孩子感到不知所措、无助或绝望的5个问题。在每个问题旁边，写下一个在未来几天里你可以去做的、有帮助的小行动。忽略你脑海中那个说着“没关系”或者“太晚了”的声音。

2. 写下你对一个更加美好的世界的愿景。闭上眼睛沉思一分钟会对你有所帮助。在内心接纳这一愿景，全身心地去体验它，把它当成一种感觉、一幅图像、一个想法。打开你的思想、心灵和身体，放下评判的心态。

3. 写下这个美好世界中至少5个你或你照顾的孩子

真正想看到的元素。和上面一样，针对每一个元素写下一个你在未来几天里可以去做的小行动，这些行动必须助于每个元素在这个更美好的世界里顺利发展。

这个练习的关键是确定每一步行动可以有多小。可能只是花5分钟研究这个话题，或者和一个朋友聊天，或者保证在每天早餐时有一个拥抱。

继续坚持这些微小的步骤和微小的行动。一次又一次地去做，结果会令人惊讶，甚至可能强大到改变你的生活。你需要做的就是今天迈出一小步……然后又是另外一小步……

7

寻找真正的希望

我们的孩子以他们近乎无限的潜力和神圣的品质给这个世界带来了希望。我们也可以学着更加充满希望。但过于乐观也有危险。当我们的房子着火时，我们可不想自己还在因为舔路灯柱而迷路。我们需要找到真正的希望。

当我们的孩子感到绝望时，他们需要我们向他们展示真正的希望。在预防自杀的研究中，人们经常把希望当作一种保护因素。有自杀倾向的人往往极度渴望获得一些希望。但是，正如我在安斯利和其他许多客户身上发现的那样，这种希望必须是真实的。“从此过上幸福快乐的生活”在这里行不通。但是，真正的希望是什么样的呢？

在我看来是这样的：

真正的希望放弃了“从此过上幸福快乐的生活”的结局。

真正的希望是谦卑的，它并不会假装知道所有的答案。它可以说“我不知道”。

真正的希望包含了孩子们将要面对的未来的不确定性。

真正的希望找到了继续前进的理由，即使我们知道这一切总有一天会结束。

真正的希望尊重每天微小的行动的力量。我们内心知道自己所做的事很重要，尽管我们并不总能看到那些涟漪会扩散到多远。

真正的希望会积极寻找人们的优点，包括我们自己的优点。它滋养了那种本质的善良，那种内在的光明，而且不会否认黑暗。

真正的希望知道一个更加美好的世界是有可能实现的。它意识到，想要到达那个世界，我们必须现在就去想象它，感受它，体验并呼吸它。

但最重要的是，真正的希望不是别人的信仰。只有当你认为真正的希望是真实的，它才能发挥作用。那么，是什么给了你希望？当生活有时如此艰难时，是什么让你坚持下去？找到你自己真实的希望。种子就在你体内，它只是在等待一丝光明。

后记

是结束，也是开始

你好。我想以和你问候的方式开启本书的结尾。

我知道这本书可能带你踏上了某一段旅程，无论是情感的旅程还是其他方面的旅程。我很好奇，当你读到最后几个字时，你的内心是否有变化？这里没有正确或错误的答案。不论你是否已经读过了每一个字并且认真做完了每一个练习，或者你只是简略浏览而且没有做练习，这都没有关系。如果你此刻感觉没有任何变化，你也并没有失败。

我只是想把这些临别赠言传递给你内心某个无法触及的地方。在这个地方，你会有一种深刻而持久的感觉，知道你的疗愈对孩子的成长来说有多么重要。

不管我们住在哪里，不管外面的世界发生了什么，对孩子来说，我们就是他们的“家”。当全世界的烦恼 1 天 24 小时不间断地穿过我们意识的墙壁，进入我们的神经系统时，我们很难有家的感觉。而当我们隐藏在黑暗森林时，孩子也很难有家的感觉。

我们总说要给孩子家的安全感，那么真正的安全感是什么？

这世界上有两种不同的安全感。一种是在遇到不愉快的感受时进行自我麻木，回避令人不适的真相，把孩子包裹得严严实实，并且尽量往好处去想。事实证明，这种安全感其实不是很安全。训练孩子的心理韧性和身心健康时，我们教导他们不要去思考那些令人不快的感觉。所以，当他们通过自己的行为和症状向我们发出信号，告诉我们整体状况有问题时（他们会的），我们却听不到这些哭声了。相反，我们会试着摆脱他们，转移他们的注意力，修复他们。但这恰恰是我们的孩子最终走向迷失的原因。

具有讽刺意味的是，当我们愿意坦然面对问题时，另一种安全感就会出现。当我们开始尝试处理令人不适的真相时，这种安全感就会出现。当我们与那些不完整的故事做斗争时，当我们倾听自己的身体、自己的感受甚至是自己黑暗面的智慧时，当我们允许自己如一行禅师所说的那样，“倾听内心大地哭泣的声音”时，这种安全感就会出现。当我们可以一起探索林间空地之外的黑暗森林时，这种安全感就会出现。你看，森林就是我们的家园。它是我们所有不想要的、不被爱的那部分自己的家园。在你的内心有一个像森林一样广阔的地方。在这个地方，没有评价，只有治愈和爱。当你注意到这个地方时，你就可以为所有被放逐的那部分自我提供一个爱的家园。而这是我们帮助孩子获得安全感的方式。这种安全感并不能给未来带来任何保证，生活并不是永远幸福快乐，可怕的事情还会继续发生。但是无论外面发生了什么，请永远不要忘记，你是你孩子的家。

我并不是说这很容易。我们需要勇气不断将我们所有被放逐的自我带回到那个感觉像家一样的地方。但只有从这个地方出发，我们才能真正开始帮助我们的孩子。届时焦虑、抑郁、饮食失调、身体畸形、自残、自杀都会减少，而这仅仅因为孩子们在成长过程中有一种深深的自我满足感。简而言之，我们的孩子会停止伤害自己，开始爱自己。

在成长过程中，我们的孩子会对自己承受痛苦的能力充满信心。他们不会害怕提出棘手的问题。他们将有勇气在必要时领导全局。最重要的是，他们会从骨子里深深地明白，自己已经足够好了。

在 2050 年，当我们看着我们的孩子甚至我们的孙辈们玩耍时，当我们和他们一起寻找日常生活中的美好时，我们会找到真正的希望。也许我们会在路上一起舔几根路灯柱。

共建家园：寻找书友指南

阅读可能是一种孤独的体验，为人父母也是如此。本书中的一些观点和练习更适合与他人一起分享，特别是更具挑战性的一些内容。下面是我给出的一些建议，告诉你如何寻找其他人，一起建立一个家园。

找一个你认为可能有兴趣和你一起探讨本书观点的人，他可以是你的伴侣、家庭成员或朋友，给他们发一条关于这本书的简介，问他们是否愿意围绕这本书进行交流。如果他们愿意的话，那就再好不过了！问他们是否认识其他可能想加入的人。你可以组建自己的小组，组成一个非正式的读书俱乐部，分享关于这本书的信息，或者时不时打个电话。你也可以把它组织得更像一门课程。这本书里有 7 种心理根源和 7 种疗愈方法，所以如果你愿意，你可以和你的小组一起组织一场为期 14 周的活动，你们约好每周阅读并练习一个主题，并分享反馈和见解等。这种方法的优点是，你将从中获得更多收获，并且你们可以互相支持，将这些基本的实践融入你们的生活当中。你的孩子会感激你的！

致 谢

尽管这本书的封面上是我的名字和我的照片，大部分工作也都是我做的（做得好，路易斯，拍拍我的背），但事实是，从这本书只是一个想法的种子到现在，我得到了很多人的支持和鼓励。

我的家人一直在支持我。我非常感谢他们让我脚踏实地，提醒我不要太较真的重要性。我要特别感谢我的妻子劳拉。在写作这本书的过程中，她一直非常有耐心，对罗丝来说，她简直是一位了不起的母亲。清晨，当我上楼去办公室写作时，我能听到楼下劳拉和罗丝开怀大笑，这对我来说是一种快乐。

我的女儿罗丝是我写这本书的灵感来源，我非常希望她能体验到一个更和平、更富有同情心的未来世界。我特别感激一年前当我决定要写自己的书的那一刻，罗丝开始在键盘上乱敲一堆字母，然后问我“爸爸，上面写的是什么？”，最后要求把她的“书”打出来，并自豪地向大家展示：“看，我写了一本书！”

我还要感谢在过去的 20 年里和我一起工作过的孩子们（所

有美丽的、害怕的、困惑的、天真的、顽皮的孩子们），是他们让我笑，让我哭，让我去发现一个家对孩子的重要性，但最重要的是，他们提醒我要保持与童年宝贵品质的联系，比如傻傻地玩乐，不受外部环境的制约。

塔姆辛·奥利维尔是激励我成为一名儿童精神心理治疗师的人。她是我在经营治疗学校时的导师，在一次治疗中，她给了我一次改变人生的经历，让我立即从痛苦中解脱出来。于是，我决定自己必须学会如何与他人分享这种天赋。我去参加塔姆辛教授组织的培训，安吉拉·格鲁伯接待了我，我很感激她。

还有一群了不起的人帮助我创作和塑造了这本书。瓦莱里娅·韦尔塔是我的超级经纪人，她帮我克服了重重困难才与一家伟大的出版商签约。我讨厌所有这些额外的工作，但她是一个恰到好处的中介人。她把我和布里吉德·莫斯联系在一起，布里吉德·莫斯是一位伟大的编辑，不怕说出来，莫斯真的帮我把我的胡思乱想变成了更务实的东西。谢谢你！

山姆·杰克逊是 Vermillion 出版社的编辑，他在我这位社交媒体上没有粉丝、不太出名的处女作作者身上冒了一个险。谢谢你对我有信心。我也要感谢 Vermillion 团队对这个项目的支持。

戴夫·洛克是一位天才教练，他引导我从发自内心的真实出发写作。雪莱·斯佩里就如何将叙事融入非小说类书籍给出了慷慨的建议。斯图尔特·莱尔德是我的老朋友之一，他犀利而严厉的批评让我既喜欢又害怕。我很高兴在我的生活中有这样一个朋友，他始终如一地、充满爱心地愿意对事情说三道四。

还有一些我在这本书中采访的人，他们友善地奉献了自己的时间和智慧。大卫·兰西提供了人类学智慧；玛格丽特·惠特利提醒我不要粉饰任何事情；迈克尔·昂格提出了对韧性的激进观点；克雷格·查奎斯特提供了他对神话的百科全书式知识，以及对我们的思维与自然世界的联系比我们意识到的要紧密得多的深刻理解；裘德·库里万，她理解内心世界如何以神奇和赋权的方式与外部世界相结合；达奇亚·纳瓦兹提供了她对人类儿童成长所需的综合理解；蕾娜·福格勒斯以一种独特而有趣的方式帮助儿童和成年人与他们的身体保持联系；詹妮弗·墨菲，感谢你帮助我理解了我们的拦截能力是如何发展的；米歇尔·雷克斯曼挑战了我对人类和其他动物之间差异的理解；安德鲁·库克提供了对创伤和身体的深刻理解；尼古拉斯·坦佩以富有同情心的视角阐述了“韧性”和“勇气”等概念为何弊大于利；丽莎·马尔基亚诺帮助我深入研究了受害者情结在家庭和更广泛的世界中表现出来的更深层次的方式；芭芭拉·霍洛维茨，感谢你引导我理解青春期是一个独特的生物阶段，我们可以从动物世界中学到很多东西；劳拉·克尔让我们对父母从创伤和分离状态中康复的需要更加敏感；托马斯·迪克森，感谢你在情感史上的建议。哇，这是一个很长的段落。我非常感谢所有这些分享知识的人。

有很多人会读部分章节，有些人甚至会读整本书。谢谢马特·威廉姆斯、亚历克斯·埃文斯和菲利帕·佩里从头到尾读了整本书，给了我一个大大的极其必需的鼓励。我真的很感谢你们。感谢叶米思·莫库罗和尤斯蒂娜·帕拉达帮助我发现自己的偏见，让文章更具包容性。感谢奥迪利亚·马布鲁就孩子们需要留在体内的东西给出了简单实用的建议。谢谢你！罗玛·诺里斯帮助我对婴儿创伤的影响更加敏感。感谢路易莎·麦金尼斯回顾了“稀缺与富足”的章节，强调了需要更多同情心的地方，并帮助我完成了封面。感谢萨拉·马格拉斯在育儿和情感方面的临床智慧和生活经验。谢谢帕米拉·亚历山大回顾关于快乐的章节，给了我急需的保证。感谢罗宾·普洛斯派克对“受害者”一章的回顾，对多样性、包容性和真相有着敏锐而批判的眼光。感谢杰西·布林顿帮助本书减少了末日感，并为封面增添了更多的光芒。谢谢莎拉·温斯顿、尼克·珊德拉和米古里·德·拉拉为本书提供所有与设计相关的指导，并感谢菲儿·沃克斯的拍照。

在写“习得性无助”一章的时候，我住在一个叫作“泰特”的漂亮的写作小屋里。由丽娜和蒂姆建造，由我们亲爱的朋友罗丽·克拉克管理，这是一个深入了解写作的好地方。

我还想感谢那些曾经给过我鼓励的人，即使只是只言片语，以及所有那些让我感到不那么孤独的人，尤其是在黑暗时期，鼓励被严重低估了，而它是一种充满我们内心的能量，我们都需要它。感谢所有人对我有形的和无形的帮助。

最后，感谢我亲爱的朋友丹，他会为我写这本书感到骄傲，他总是给我鼓励和无条件的爱。我们都相信同步性的力量和魔力，所以在这里用我们最喜欢的一句话作为结尾是合适的。一天晚上，当我们感到有点茫然和困惑的时候，果阿的一位出租车司机帮助我们找到了回家的路，当我们跌跌撞撞地走出出租车时，他平静地指着广阔的天空，眼睛里闪烁着光芒，说：“这不是意外。”